FOYERS
ET
COULISSES

HISTOIRE ANECDOTIQUE
DE TOUS LES THÉATRES DE PARIS

GYMNASE

AVEC PHOTOGRAPHIES

PARIS
TRESSE, ÉDITEUR
GALERIE DE CHARTRES, 10 ET 11
PALAIS-ROYAL

MDCCCLXXV
Tous droits réservés.

EN VENTE :

LES BOUFFES-PARISIENS
LES FOLIES-DRAMATIQUES
LES VARIÉTÉS
LE PALAIS-ROYAL
LA COMÉDIE-FRANÇAISE (2 vol.)
LE VAUDEVILLE
LA GAÎTÉ (2 vol.)

SOUS PRESSE :

L'OPÉRA (3 vol.)

Chaque volume : 1 fr. 50

Paris — Richard-Berthier, 18 et 19, pass. de l'Opéra

FOYERS
ET
COULISSES

HISTOIRE ANECDOTIQUE DES THÉATRES DE PARIS

GYMNASE

1 franc 50

AVEC PHOTOGRAPHIES

PARIS

TRESSE, ÉDITEUR

10 ET 11, GALERIE DE CHARTRES

Palais-Royal

1875

Tous droits réservés

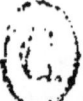

GYMNASE

(1820)

 Dans tous les temps, le pouvoir a fait, selon son caprice, ouvrir ou fermer les salles de spectacle; mais à l'entendre, cela est dans l'intérêt de l'art, comme on dit, et comme on dira toujours. Pauvre art dramatique !... il n'a jamais été dans un si piètre état que depuis que l'on s'intéresse à lui de tous côtés.

 A propos du Gymnase, un écrivain a fait les remarques suivantes : « Ce théâtre, « dit-il, est une critique parlante du sys- « tème des priviléges. Pour l'autoriser, « sans montrer trop ouvertement que ce « n'était qu'une faveur qu'on accordait, et

« pour avoir quelque chose à répondre
« aux réclamations qu'on ne prévoyait
« que trop, on le soumit à un régime par-
« ticulier. Le Vaudeville était déjà joué
« dans six théâtres : c'était marquer beau-
« coup trop de prédilection pour ce genre
« frivole que d'ouvrir une septième salle
« qui lui fût encore spécialement consacrée.
« On éluda la difficulté ou du moins on
« fit semblant de l'éluder. Les Lettres pa-
« tentes du Gymnase en firent une sorte
« de succursale du Théâtre-Français et
« de l'Opéra-Comique. Là, les jeunes gens
« du Conservatoire devaient s'exercer
« sans prétention et sous les yeux d'un
« public indulgent, avant de paraître sur
« de plus grandes scènes. En consé-
« quence, la comédie et l'opéra-comique
« devaient faire partie de son répertoire :
« et pour prouver que l'on était de bonne
« foi dans ce dessein, le droit de jouer
« toutes les anciennes pièces de la scène
« française et du théâtre Feydeau lui fut
« accordé, à la seule condition de les ré-
« duire en un acte. Les administrateurs
« soutinrent la gageure en gens d'esprit ;
« ils firent même la mauvaise plaisanterie
« de nous donner le *Dépit amoureux* et la
« *Fée Urgèle*, estropiés et réduits à
« grands coups de ciseaux. » Le critique
ajoute encore : « Qu'on laisse, à quiconque
« en voudra courir les risques, le droit

« d'ouvrir un théâtre, que les genres ne
« soient plus prescrits, que les ouvrages
« tombés dans le *domaine public* soient
« mis à la disposition de tout le monde
« (car il ne faut pas appeler domaine pu-
« blic celui qui est livré à quelques pri-
« vilégiés), alors on verra une véritable
« émulation qui ne manquera pas de pro-
« duire ses fruits; mais si les bureaux
« sont curieux d'avoir des sujets dans
« leur dépendance, s'il leur est doux d'ac-
« corder des priviléges, qu'ils fassent
« donc au moins que ces priviléges ne
« soient pas nuisibles. »

De tout temps, il en a été ainsi en matière de spectacle. On se dit : Obtenons d'abord un privilége; édifions, ouvrons une salle à quelque prix que ce soit, le reste viendra plus tard. » C'est ce qui est arrivé au théâtre du Gymnase; c'est ce qui arrivera encore à beaucoup d'autres. On ne pouvait pas raisonnablement penser que ce théâtre se soutiendrait avec le privilége exigu qu'on lui avait accordé; ce n'était donc qu'un acheminement. Voyez-vous le *Misanthrope* en un acte, joué par Provenchère; et la *Belle Arsène*, chantée par mademoiselle Hugo (à qui Dieu fasse paix! car je crois qu'elle est morte).

Le Gymnase, bâti sur le boulevard Bonne-Nouvelle, au coin de la rue Hauteville, fut ouvert au public le 23 décembre 1820. M. Delarosrie était directeur privilégié; MM. Poirson et Cerfbeer, administrateurs; Dormeuil et Lachabeaussière, régisseurs.

Un prologue, le *Boulevard Bonne-Nouvelle*, composé par MM. Scribe, Mélesville et Moreau, trio spirituel, y fut représenté avec succès; mais la troupe, formée à la hâte, manquait d'ensemble. Il n'y avait d'acteurs à réputation, lors de son ouverture, que Perlet et Bernard-Léon. Ce fut plus tard que le Gymnase devint redoutable par les succès mérités de M. Scribe et par le nombre des artistes qui servirent d'interprètes à ses nombreux ouvrages. Si ce théâtre avait été forcé de se renfermer strictement dans les limites de son privilége, sa fortune eût failli; mais on avait placé à la tête de l'entreprise un diplomate adroit qui ne brusqua rien et laissa faire au temps·

De 1821 à 1824, de charmants ouvrages avaient déjà donné une idée de ce que pourrait devenir cette entreprise si l'autorité voulait bien tolérer ses empiétements.

En attendant, une petite fille, Léontine Fay, quitta la province, qu'elle enchantait par son talent précoce; elle arriva, pliant sous le poids des bonbons et des couronnes; elle étonna la capitale, cette charmante enfant, et marqua sa place à côté des plus vieux comédiens.

Déjà, plusieurs fois, on avait essayé d'entraver l'essor du Gymnase ; les craintes pouvaient devenir sérieuses. Madame la duchesse de Berry ayant assisté à quelques représentations de la charmante Léontine Fay, M. Poirson conçut une une grande idée ; il se dit un jour en lui-même : On a vu des rois épouser des bergères, pourquoi ne verrait-on pas une princesse épouser un théâtre ? Il se mit donc à l'œuvre et poussa d'abord la galanterie jusqu'à dédoubler une partie de sa troupe pour l'envoyer à Dieppe. La jeune duchesse, amie des plaisirs et des artistes, se montra sensible à cette marque d'attention, et se déclara la protectrice du Gymnase, qui prit, le 8 septembre 1824, le titre de Théâtre de S. A. R. madame la duchesse de Berry.

On pense bien qu'une fois couvert de ce haut patronage, le directeur ne craignit plus d'entraves ; peu s'en fallut même que le ministre et les censeurs ne lui fissent des excuses pour avoir osé lui rappeler quelquefois les conditions de son privilége. Le Gymnase, qui d'abord avait collé son affiche entre celles du Vaudeville et des Variétés, prit rang dès lors immédiatement après les grands théâtres et plaça son programme sur les murs de Paris à la suite de l'Odéon. Le Vaudeville ne s'était pas encore fait appeler Théâtre-National.

Quant au Pauvre Jocrisse, lui, il se donna bien garde de réclamer, il était payé pour se taire, car, à cette époque, on osait encore lui reprocher dans quelques journaux ses bêtises, ses calembourgs et ses immoralités; toujours, comme vous savez, relativement à l'art dramatique, ou, comme disait si bouffonnement Potier dans le *Bourgmestre de Saardam* : « Toujours relativement à l'Angleterre. »

Voici donc un théâtre qui n'avait été ouvert que sous la condition qu'il ne jouerait que des scènes de *Pourceaugnac* ou du *Médecin malgré lui*, qu'il ne chanterait que des airs de la *Fausse Magie* ou des *Deux Chasseurs*, le voilà en pleine possession de la comédie mêlée de chants ; voilà le Vaudeville qui prend droit de bourgeoisie sur le boulevard Bonne-Nouvelle. M. Scribe va tailler sa plume, ce fécond écrivain va attirer tout Paris chez M. Poirson, tant et si bien que les spectateurs ne voudront plus que du Scribe, comme en 1700 les libraires ne demandaient que du Saint-Evremont. La haute aristocratie du faubourg Saint-Germain va suivre la nouvelle patronne du Gymnase dans sa petite salle incommode ; car partout où l'on voit visage de prince, on doit voir figures de courtisans.

M. Scribe a bien compris son temps ; il a parfaitement senti qu'il se trouvait

placé entre deux aristocraties, la vieille et
la nouvelle; il a compris surtout que nous
n'étions plus dans l'âge d'or, mais bien
dans l'âge de l'or; il a voulu avoir pour
lui tout ce qui possédait, mais il ne
fallait heurter personne; il a dû se
dire: si je flatte les idées du temps passé
aux dépens de celles du temps actuel, je
n'aurai qu'un public; en les confondant,
j'en aurai deux. Et alors il a refait la société moderne avec tous les éléments de
l'ancienne; seulement, il a changé les
costumes, remplacé les commandeurs, les
abbés, les financiers, par les avoués, les
agents de change et les notaires. Les comtesses, les baronnes ont subi les mêmes
métamorphoses. M. Scribe savait bien que
les comtes de l'empire, les barons de
l'empire, les comtesses de l'empire, les
baronnes de l'empire n'étaient pas moins
fiers que leurs devanciers : or, en flattant
toutes les noblesses, il avait pour lui l'ancien
et le nouveau régime. Il a, dans ses ouvrages,
tout sacrifié à l'argent, l'idole du siècle.
Que si une pauvre fille se prend de passion
pour un homme au-dessus de sa condition, M. Scribe lui dira : « Toi, tu es fille
du peuple, tu ne peux prétendre au fils
d'un baron, même d'un baron de l'empire;
mais si tu consens à n'avoir pas de cœur,
on te donnera pour mari un invalide, man-
chot ou boîteux, bien laid, bien vieux,

toutefois avec beaucoup d'argent. » Cela est affligeant. N'allez pourtant pas croire que M. Scribe fera tenir ce langage à quelque vieux gentilhomme de province : non, en homme d'esprit, il fera dire tout cela par un baron ou un comte de l'empire qui a conquis tous ses grades à la pointe de son épée, mais qui n'en est pas moins très-fier de son écusson. Alors la vieille aristocratie lui saura gré de l'allégorie et battra des mains. Les plus jolis ouvrages de M. Scribe sont tous parsemés d'or et d'argent ; ils me rappellent ces charmants vers d'Hoffmann, ce charmant poëte :

> J'aime l'esprit, j'aime les qualités,
> Les grands talents, les vertus, la science,
> Et les plaisirs, enfants de l'abondance.
> J'aime l'honneur, j'aime les dignités ;
> J'aime un ami presque autant que moi-même,
> J'aime une amante un siècle et par delà :
> Mais, dites-moi, combien faut-il que j'aime
> Ce maudit or qui donne tout cela ?

Encore une fois, ce n'est pas la faute de M. Scribe, c'est celle de l'époque.

En rendant toute la justice possible aux talents du célèbre académicien, il faut être juste aussi pour les acteurs qu'il avait à sa disposition. Perlet, quoique d'un comique un peu froid, n'en avait pas moins le privilége d'amuser beaucoup par l'extrême finesse de son jeu. Il y avait chez cet acteur distingué une fleur de bonne et vieille comédie.

Perlet rappelait la Comédie-Française dans sa diction, dans ses gestes, dans ses costumes; Perlet offrait souvent un composé de la mignardise de Dazincourt et de la grosse gaîté de Dugazon. Il excellait surtout dans la caricature. *Le Comédien d'Etampes, le Gastronome sans argent, le Secrétaire et le Cuisinier* ont longtemps attiré la foule au Gymnase.

Et Gontier? Gontier, le meilleur type des vieux soldats! Personne ne pouvait lui être comparé dans *Michel et Christine*: c'était la perfection. Gontier savait varier tous ses rôles; son talent était tout à fait spécial. Bernard-Léon, lui, était l'homme de l'entrain, de la désinvolture; c'était un bon gros garçon tout rond, tout jovial, qui était sur la scène comme chez lui; sa diction était vive, saccadée; sa voix, tantôt grêle, tantôt forte, le servait merveilleusement. Dans *Le Coiffeur et le Perruquier*, dans *La Mansarde des Artistes*, il s'est montré d'un bouffon achevé. Feu Vatel, qui se perça d'une épée parce que la marée n'arrivait pas, devait beaucoup ressembler (au physique) à Bernard-Léon. Ferville, bon comédien, au débit vif, brillant, chaleureux, Ferville a rajeuni et détrôné les oncles d'Amérique, il les a joués en frac, en redingote, à la propriétaire. Il ne disait pas, comme ces vieux oncles de la vieille comédie, en frappant de sa canne ou en tirant de sa poche sa belle tabatière d'or : « Avez-vous vu mon coquin de neveu?... Je cherche partout mon coquin de neveu!... » Jadis on jouait les oncles en Cassandre ; Ferville les a joués en homme d'esprit. Ces pauvres vieux oncles, les voilà donc sortis de l'ornière!... les voilà donc aussi sur la route des chemins de fer et de la vapeur !... Je dois mentionner un jeune acteur qui avait commencé aux Variétés. Legrand, mort quelque temps après ses débuts, jouait à merveille les importants, les suffisants. Il paraissait surtout destiné à l'emploi des substituts ridicules : il était d'un naturel excellent ; il avait sans doute été prendre ses modèles au Palais de Justice, car il était impossible de ne pas pouffer de rire en l'entendant : on croyait assister au débit de quelque réquisitoire moderne.

Puis Paul, Numa, Allan, Klein, tous acteurs remarquables.

Mais parlons des actrices : c'était d'abord Virginie Déjazet, l'actrice la plus oseuse, ne reculant devant rien, ne s'effrayant de rien, débitant des grivoiseries avec un tact parfait ; Virginie riant avec le public comme avec un ami, ayant l'air de lui dire : « Je vais vous lancer un mot bien leste, mais n'ayez pas peur: c'est moi, je suis bon garçon. » Virginie a tout compris au théâtre: la malice, le naturel, la grâce, le grivois; et, si elle ne nous a pas fait pleurer, c'est qu'elle n'a pas voulu.

Et la charmante Jenny Vertpré! Avez-vous vu rien de plus gentil, de plus mignard, de plus intelligent? Elevée au Vaudeville, ayant un nom qui fut célèbre à la rue de Chartres, Jenny Vertpré a prouvé qu'elle était digne d'en hériter. Elle portait la cornette et le cotillon rouge avec une grâce infinie; j'ai entendu souvent dire à mes côtés: « C'est comme Madame Dugazon! c'est comme Madame Saint-Aubin! » Son organe était sonore, sa diction pure, son geste simple et vrai; elle disait le couplet à merveille. Dans *La Chercheuse d'esprit, la Marraine, les Premières amours, le Mariage de raison, la Reine de seize ans*, elle a réuni toutes les qualités d'une grande comédienne.

Et puis, une autre Jenny, Jenny Colon, jeune et belle femme à l'œil vif, brillant, aux formes prononcées, à la figure épanouie, à la voix de rossignol; oiseau de passage, actrice nomade, voyageant de Feydeau au Vaudeville, du Vaudeville au Gymnase, du Gymnase aux Variétés, des Variétés à Feydeau, mais toujours bien reçue, bien fêtée partout. Enfin, la troupe offrait des talents d'un autre ordre : mesdames Théodore, Julienne, Grévedon, Dormeuil, Nadèje, l'orpheline de Wilna, et mademoiselle Bérengère, appelée Bérengère la jolie.

Avec de tels interprètes, le théâtre de Madame voyait chaque jour grandir sa fortune, lorsqu'un ouvrage, représenté le 28 juin 1828, faillit compromettre ses destinées et brouiller le directeur avec sa protectrice. *Avant, Pendant et Après*, pièce en trois actes, de Scribe et de Rougemont, venait d'obtenir un de ces succès comme on n'en compte que trop rarement au théâtre. Cette pièce, divisée en trois époques, offrait, dans la première, la famille noble de Surgy, heureuse et puissante, un marquis cherchant à séduire une jeune fille du peuple, que protége le chevalier, frère du marquis. La seconde se passait en 93 ; les deux frères étaient proscrits et sauvés par un perruquier qui avait épousé l'orpheline que le marquis avait voulu séduire en 1787. La troisième époque se passait en 1827 : le chevalier, général et industriel, avait épousé la veuve du perruquier mort colonel, et marié sa fille à un tribun de la révolution, devenu baron et jésuite, et qui avait toujours à la bouche ces mots de Louis XVIII : « Union et oubli. » Le premier acte formait donc une comédie, le second un mélodrame, et le troisième un vaudeville. Cet ouvrage, satire sanglante des mœurs et des abus de l'ancien régime, obtint un succès de fureur; jamais la salle n'avait retenti d'applaudissements pareils. Scribe et de Rougemont avaient fait assaut d'esprit : chaque mot portait, chaque couplet transportait la salle. Ces messieurs avaient, pour ainsi dire, renversé la salière sur la table. Presque tous les couplets eurent les honneurs du *bis*. Celui-ci, chanté par le général manufacturier, produisait toujours le plus grand effet :

Les honneurs plaisent à mon âge,
Et je serais fier, j'en conviens,
D'obtenir le libre suffrage
De mes nobles concitoyens;
Mais le payer est un outrage,
C'est cesser d'être homme de bien :
Qui peut acheter un suffrage
N'est pas loin de vendre le sien.

Ne pensez-vous pas que ce couplet, qui était de circonstance en 1828 pourrait bien ne pas avoir beaucoup perdu de son à propos ?

Dans une scène où le vieux vicomte de la Morlière, apprenant qu'un petit jeune homme nommé Raymond, qui jadis avait été soldat dans son régiment, s'est allié à la famille des Surgy, ne peut s'empêcher d'en témoigner sa mauvaise humeur ; le général lui chante en riant :

> Mais ce Raymond, dont votre esprit se raille,
> Et qui partit son paquet sur le dos,
> Lui qui jadis, au quai de la Ferraille,
> Fut, grâce à vous, rangé sous nos drapeaux,
> Et, malgré lui, forcé d'être un héros,
> Eut bientôt pris sa gloire en patience ;
> Et d'un soldat, mon beau-frère Raymond
> S'est trouvé duc et maréchal de France...

LE VICOMTE

Et de quel droit ?

LE CHEVALIER

Par le droit du canon.

(Ici l'enthousiasme devenait indescriptible.)

Or, tandis que le caissier se frottait les mains en comptant les recettes, l'orage grondait ailleurs. Des émissaires envoyés à la duchesse de Berry lui annoncent que son théâtre vient de lancer un brandon révolutionnaire, un vaudeville subversif où la noblesse est attaquée de front. La duchesse ne cache pas pas son mécontentement, elle annonce l'intention de bouder son théâtre favori. Les craintes devenant sérieuses, on envoie des ambassadeurs, on échange des notes diplomatiques ; les courriers se croisent. La duchesse demeura quelque temps sans visiter la salle de M. Poirson; les personnes de sa maison n'osaient plus s'y montrer. Enfin, à force de négociations, la paix fut signée, et la patronne du lieu pardonna, à condition que pareille chose n'arriverait plus. A partir de cette époque, le théâtre jouit d'une prospérité incessante; mais l'heure de la révolution de juillet allait sonner, et la protectrice du Gymnase devait disparaître dans cet orage. Il fallut effacer ces mots : Théâtre de S. A. R. Madame, et reprendre le nom de Théâtre du Gymnase.

Le directeur, homme habile, sentit alors le danger qui le menaçait, et avisa aux moyens de le détourner. M. Scribe, qui lui avait donné pendant dix ans la fine fleur de son esprit, rêvait de plus grand succès : l'Académie Française tentait son ambition, il savait qu'il faut passer par la rue Richelieu pour arriver à l'Institut; il travailla donc un peu moins pour le Gymnase. Heureusement, quelques hommes de talent et notamment Mélesville et Bayard, restèrent à leur poste : ces messieurs ajoutèrent aux derniers succès du grand faiseur des succès non moins brillants : *Michel Perrin, la Fille de l'Avare* et *le Gamin de Paris,* valurent chacun cent mille francs à la caisse du théâtre, redevenu populaire. Il fallait certes la révolution de Juillet, ses pavés et ses barricades, pour voir sur l'affiche d'un théâtre aussi aristocrate que celui du Gymnase ce titre imprimé en gros caractères : *Le Gamin de Paris !...* Oui, *le Gamin de Paris*, sous les traits de Bouffé, le comédien le plus fin, le plus nuancé, le plus parfait, le plus amusant, le plus comédien de tous les comédiens, l'homme qui joue un rôle comme Molière l'aurait écrit, l'acteur de la raison, l'acteur de la folie, l'acteur des larmes : Bouffé en veste, portant casquette et col débraillé, jouant à la toupie sur la scène du Marivaux moderne, criant, chantant, se débattant, tirant la langue aux passants disant à une vieille comtesse : « Je suis le gamin de Paris, ohé! (Les temps sont changés au Gymnase.) Votre neveu a déshonoré ma sœur, il l'épousera ; vous serez malgré vous de la famille du gamin de Paris ; le gamin de Paris le veut, vive le gamin de Paris ! » C'est le gamin de Paris qui, sous le bon plaisir de Bouffé, a contribué à la révolution du Gymnase en 1835, comme le vrai gamin a pu revendiquer sa petite part dans la révolution de 1830.

De 1822 à 1830, l'histoire du Gymnase est fort intéressante. M. Dormeuil, qui a beaucoup aidé à la réussite du théâtre, a bien voulu nous communiquer une partie de ses mémoires, dans lesquels nous puisons à indiscrétion.

Désaugiers nommé nouvellement directeur du Vaudeville eut un jour l'heureuse pensée d'attirer à son théâtre trois hommes d'un esprit supérieur : Scribe, Mélesville et Germain Delavigne. Les coups d'essai de ces messieurs furent des coups de maître et ne manquèrent pas d'exciter la jalousie des autres auteurs; quant à Poirson, plus malin que ses confrères, il se dit, à part lui, en applaudissant les nouveaux venus : Bravo, je tiens mon pied de Bœuf! s'attachant à Scribe, il tomba en admiration devant son talent, le combla d'éloges les plus empressés, lui demanda son amitié, ses conseils et finit par obtenir sa collaboration; c'était là, tout simplement ce qu'il sollicitait. Il se hâta de déposer entre les mains de son nouvel ami les plans et canevas qu'il avait en portefeuille, puis il le laissa se débrouiller comme il l'entendrait, et bientôt tout Paris applaudit quatre petits chefs-d'œuvre du genre : *La visite à Bedlam*, *le Nouveau Pourceaugnac*, *une Nuit de la Garde nationale*, comédies-vaudevilles de Scribe et Poirson.

Vint ensuite : *la Somnambule*, de Scribe et Germain Delavigne, à laquelle Gontier et Mme Perrin prêtèrent un si grand charme. La touche fine et délicate de ces jolis ouvrages plut extrêmement au public et procura au Vaudeville d'abondantes recettes. Poirson avait donc découvert la poule aux œufs d'or; mais l'appétit, dit-on, vient en mangeant et le sien était robuste; il me semble, se dit-il un jour, que depuis assez longtemps Scribe et moi enrichissons le Vaudeville, le moment n'est-il pas venu de nous enrichir à notre tour? La chance nous sourit aujourd'hui; si nous ne la saisissons pas au vol, demain il sera trop tard; à l'œuvre donc, et sans perdre un instant. Pour arriver à mon but, se dit-il, trois choses me sont indispensables : 1° obtenir du ministère le privilége d'un nouveau théâtre à Paris; 2° attacher Scribe à ce théâtre et l'éloigner du Vaudeville en lui assurant des avantages considérables; 3° trouver les fonds nécessaires pour mener la barque à bon port.

Tout autre que M. Poirson eût reculé devant une tâche aussi difficile ; mais s'il était chétif homme de lettres, en revanche il était homme d'affaires des plus habiles, administrateur plein de souplesse, et sollicîteur infatigable; cependant, n'ayant par lui-même aucun titre à faire valoir pour obtenir personnellement de telles faveurs, il comprit la nécessité d'associer à son projet quelqu'un dont les relations et les influences pussent lui servir de marchepied; il se confia à M. Alphonse Cerfbeer qui comprit immédiatement tout ce qu'on pouvait attendre de la réussite d'une telle affaire. Ces messieurs se mirent en campagne et, après des démarches sans nombre, ils étaient au moment d'abandonner leur projet, lorsqu'ils apprirent qu'un monsieur de la Rozerie, par suite de je ne sais quelles circonstances, avait reçu de M. le duc Decazes l'avis d'indiquer au gouvernement par quels moyens il pourrait reconnaître les services dont l'État lui était redevable. Cette ouverture, quelque invraisemblable qu'elle parût, était cependant une réalité, et, ce qu'il y a de bizarre, c'est que M. de la Rozerie aimant par dessus tout son indépendance et sa liberté ne songeait nullement à tirer parti des offres séduisantes que tant d'autres auraient saisies avec un bien grand empressement. Cependant MM. Poirson et Cerfbeer firent briller à ses yeux de tels avantages, sans qu'il sortît de ses chères habitudes, qu'il consentit à écouter leurs propositions. Demandez-lui, dirent-ils, le privilége à Paris d'un nouveau théâtre dont M. Poirson aura la direction, et nous vous assurons par contrat 10,000 fr. de rentes pendant toute la durée de la concession, plus un nombre déterminé d'actions rénumératoires. Ce qui fut dit fut fait. Tout fut accordé, les actes constitutifs furent signés, Scribe prit sous dédit l'engagement de ne travailler que pour la nouvelle entreprise, une société par actions fut constituée, le capital social est en caisse, enfin l'emplacement sur lequel doit être élevé le nouveau théâtre est déterminé et l'on s'occupe déjà de la formation de la troupe.

Poirson voulait former une troupe, à côté d'artistes de profession comme Perlet, Bernard-Léon, Gontier, il voulait engager des acteurs amateurs. On lui parla de M. Dormeuil qui, pour se reposer de ses occupations de capitaine d'état-major de la garde nationale, jouait la comédie dans les salons et les théâtres de société ; engager un capitaine d'état-major lui sembla une idée excellente, il écrivit à M. Dormeuil qui tout d'abord refusa net.

Poirson ne se découragea point, il revint à la charge et réussit. Voici comment. Nous laissons la parole à M. Dormeuil :

Bientôt après, nouvelle lettre de Poirson, plus flatteuse que la première ; il était venu chez moi sans me rencontrer, il serait heureux de me voir, il a quelques conseils à me demander. Cette lettre était tellement polie, qu'elle m'embarrassa ; je ne pouvais la laisser sans réponse, et d'un autre côté je ne voulais pas entamer des relations qui n'avaient d'autre but que de me faire entrer dans une voie qui n'était pas la mienne, je me tirai d'affaire en me bornant à déposer ma carte à sa porte. Un mois s'écoule, et, cette fois, on m'annonce M. Alphonse Cerfbeer : Pour le coup, m'écriai-je, c'est une conjuration ! j'allais lui répéter ce que j'avais écrit à son collègue, mais quelle fut ma surprise, quand je le vis tirer de sa poche un engagement en blanc, puis ajouter : M. Poirson et moi nous nous félicitons beaucoup, monsieur, de l'acquisition d'un sujet tel que vous, et je viens, en ma qualité d'administrateur, arrêter avec vous le chiffre de votre traitement que nous nous proposons de fixer provisoirement à 2,500 fr.

Je regrette beaucoup, monsieur, lui répondis-je, votre déplacement, qui ne peut évidemment provenir que d'une erreur. Je suis capitaine d'état-major de la garde nationale de Paris, chef du bureau du service, jouissant en cette qualité d'un traitement supérieur à celui que vous voulez bien m'offrir, enfin je n'ai jamais eu l'intention de me faire comédien. Si, par impossible, je venais à changer d'idée, ce ne pourrait être, vous en conviendrez, qu'en vue d'avantages réels, et non pour accepter une position de tous points inférieure à la mienne.

— Cependant j'avais lieu de croire...

— N'insistons pas, je vous en conjure.

— Recevez donc, monsieur, tous mes regrets, me dit notre administrateur en se retirant, ou plutôt, comme dit notre moderne Figaro, en emportant une énorme veste.

Après un congé aussi nettement formulé, je devais croire l'affaire complétement terminée. Pourquoi tenait-il tant à m'avoir, je n'en sais vraiment rien? Tout ce que je sais c'est qu'il y tenait *mordicus*. Il est impossible, se disait-il, qu'un jeune homme dévoré de la passion du théâtre ne finisse pas par se laisser entraîner. Bien certainement il n'a pas dit son dernier mot. Voyons!.. c'est par les dîners qu'on gouverne le monde!

Si je l'invitais à déjeuner? s'était-il dit. Cette tentative n'eut pas plus de succès que les autres, je redoutais ma faiblesse, et quoique bien décidé à ne pas céder à ses propositions, je me disais avec raison qu'il était beaucoup plus sage de fuir le danger que de le braver; je m'excusai donc du mieux qu'il me fut possible, prétextant le service de mon administration : il insista ; j'étais fort embarrassé, car, après tout, je ne pouvais pas maltraiter un homme qui venait m'inviter à déjeûner ; je m'en tirai cependant en assurant que je me rendrais libre une autre fois, et en me promettant tout bas de n'en rien faire. Mais on ne peut échapper à sa destinée; il était écrit là-haut que désormais, malgré tous mes efforts, mon existence allait s'inféoder à celle de cet homme; toutefois, n'anticipons pas sur les événements.

Après notre émigration à la rue de la Chaussée-d'Antin, notre pauvre état-major perdait chaque jour de son importance, plusieurs légions avaient été licenciées, la garde nationale ne faisait plus le service aux Tuileries, de nouvelles réformes avaient été opérées dans nos bureaux, enfin une circulaire adressée aux employés restant les engageait positivement à se procurer prochainement de nouveaux emplois. Ah! cette fois, je commençais à trembler pour de bon. L'idée de me trouver sans place me donnait des vertiges. J'étais fou! je frappais vainement à toutes les portes, j'étais à bout de sollicitations et de démarches, lorsque, pour la troisième fois, M. Poirson vint me relancer avec son inévitable déjeuner. N'ayant plus de défaite honnête à lui donner, forcé dans mes derniers retranchements, j'avoue que j'éprouvai quelque plaisir à me dérober un instant à mes sérieuses inquiétudes; je suivis donc mon amphitryon que je connaissais à peine.

Figurez-vous un homme aux manières engageantes, maniant la flatterie avec une délicatesse exquise, écartant avec adresse tout ce qui peut l'empêcher d'arriver à son but, semblant vous faire des concessions qu'il aurait refusées à tout autre qu'à vous, et que cependant on ne lui demandait pas.

Nous voici donc en tête-à-tête devant un déjeuner fin et délicat. J'étais inquiet, préoccupé au dernier point. M. Poirson était d'une humeur charmante. Après l'échange des premiers compliments, voyons, cher monsieur, me dit-il, en m'offrant un verre de madère, abordons carrément la question. Vous êtes donc tout à fait résolu à nous tenir rigueur. Je conçois, sans les approuver toutefois, quelques-uns de vos scrupules, et je n'insiste plus; cependant....

— Merci, vous me comprenez, monsieur, jamais je n'oserai braver le préjugé qui s'attache à la profession de comédien.

— Eh quoi, c'est là le motif de votre refus? Y pensez-vous! ce préjugé n'existe plus, ou si quelques arriérés s'en souviennent encore, il appartient à des hommes comme vous d'achever de le faire disparaître.

— Je ne me reconnais pas ce pouvoir.

— N'en parlons donc plus, nous perdons en vous un artiste sur lequel nous fondions de justes espérances, mais après tout, si la carrière que vous poursuivez vous offre une perspective avantageuse, car j'aime à croire que votre avenir est assuré...

— Rien n'est moins certain, monsieur, mais j'ai des protecteurs puissants.

— Ah !... des protecteurs ! qui vous feront de belles promesses, défiez-vous !

— Et puis, songez à ma famille, que dirait-elle en me voyant prendre une telle résolution ?

— Votre famille !... voyons parlons à cœur ouvert.

Tout le monde sait à Paris que votre Etat-Major est au moment d'être supprimé. Qu'est-elle venue vous offrir ? Quelle marque d'intérêt vous a-t-elle donnée ? Votre famille ? Ce que je vois de plus clair, pardonnez-moi ma franchise, c'est que vous pensez à tout le monde, et que personne ne pense à vous.

— Vous êtes cruel, Monsieur !

— Non, je suis votre ami, et je vous le prouve.

— Mais de quelle manière ? en me proposant une condition à peine équivalente à celle que je pourrai toujours trouver par mon travail sans me fermer les portes de la société !

— Cette fois, vous avez raison, je le reconnais, les offres que vous a faites M. Cerfbeer sont insuffisantes, je les double. Vous déterminerez vous-même votre emploi, la durée de votre contrat, vous serez mon bras droit, mon conseil, et nous volerons ensemble à la fortune.

— Monsieur...

— Ne me répondez pas, je vous le répète, vous m'étiez sympathique, votre talent me plaît, prenez votre temps pour réfléchir, je ne veux vous obtenir que de vous-même, dans huit jours je vous donne rendez-vous à cette table. Maintenant déjeunons, parlons de toute autre chose et nous irons ensuite visiter les travaux de la salle du Gymnase Dramatique que l'on construit en ce moment sur le boulevard Bonne-Nouvelle.

Le repas fut vif et animé. M. Poirson se croyant à peu près sûr de gagner sa cause fut étincelant de verve et de gais propos; enfin, nous nous séparâmes en apparence forts contents l'un de l'autre, et promettant en nous quittant de nous retrouver à la huitaine, le verre en main.

Ce que j'éprouvai, en me retrouvant seul, ne saurait se décrire. Je regardai autour de moi, sans pouvoir avancer ni reculer, ma tête était brûlante, un trouble indéfinissable m'empêchait de rassembler mes idées, je n'eus que le temps de me jeter dans un cabriolet et de me faire rouler de la Bastille à la Madeleine et de la Madeleine à la Bastille, espérant que la locomotion et le contact de l'air parviendraient à me rappeler à moi-même et ramèneraient un peu de calme dans mes esprits. Non, me disais-je, ce n'est point un rêve, tout est réel. Avec quel art cet homme sait vous circonvenir, vous attirer à lui, quel empire il faut avoir sur soi-même pour se défendre de la séduction de son langage insinuant et flatteur, comme il sait exploiter habilement les influences du champagne! Après tout, je n'ai rien promis, il a eu beau faire et j'espère bien ne rien promettre, il est impossible qu'en redoublant de démarches et de sollicitations, je ne trouve pas sans lui le moyen de me tirer d'affaire; à l'œuvre donc! J'assiégeai de nouveau mes protecteurs; leur accueil fut comme toujours rempli de politesse, mais rien de plus. Le cousin Réveillère, l'un des hauts personnages du Ministère de la Marine, de plus député des plus influents, m'avait souvent promis de s'occuper de moi, mais il fallait saisir une occasion qui tardait toujours à se présenter, et je n'avais plus le temps d'attendre. M. Poirson avait cent fois raison, m'écriai-je, je ne dois plus compter sur personne, les huit jours sont accomplis, j'ai donné ma parole, je n'ai plus le choix des moyens. Ma foi, je partis. A peine avais-je fait quelques pas, j'aperçus mon homme qui venait à ma rencontre.

— Félicitons-nous, cher monsieur, me dit-il, j'apporte de bonnes nouvelles.

— Moi, monsieur, depuis que je vous ai quitté, je n'ai éprouvé que des déceptions.

Que voulez-vous ? sombres pages et gais feuillets, c'est le livre de la vie.

— Heureuse philosophie !

— Vous avez joué lundi, au théâtre du Ranelagh le rôle créé par Philippe dans *Caroline*, l'un des derniers succès du Vaudeville ?

— Il est vrai, c'est un de mes rôles favoris.

— Notre ami Scribe assistait à cette représentation, il a été fort content de vous et je suis chargé de vous adresser tous ses compliments.

— Cet éloge me flatte assurément, mais je ne me fais pas illusion :

Tel brille au second rang qui s'éclipse au pre-
(mier.)

Nous nous mîmes à table. Cette fois, il était facile de voir que M. Poirson voulait absolument me livrer un dernier assaut. Il me fit une peinture si séduisante de sa nouvelle entreprise, me répéta si souvent que je lui étais indispensable, me flatta avec une telle adresse, réfuta enfin toutes mes objections et tous mes scrupules, qu'effrayé du terrain que je perdais à chaque instant je ne vis d'autre moyen de me tirer d'embarras qu'en quittant la partie. Je remerciai M. Poirson d'une insistance dont je me croyais si peu digne, je lui demandai de m'accorder un dernier délai de vingt-quatre heures avant de prendre une résolution aussi irrévocable. Le lendemain, je lui adressai une lettre dont voici la substance.

« Monsieur, je suis vraiment honteux
« de ne répondre à vos gracieuses ins-
« tances que par de continuelles hésita-
« tions. Hier, en vous quittant, convaincu
« de la justesse de vos excellents con-
« seils, je passai le reste de la journée à
« en calculer tous les avantages ; puis,
« tout à fait déterminé à signer dès le
« lendemain l'engagement que vous vou-
« lez bien m'offrir, je cédai à la fatigue et
« le sommeil vint me surprendre, mais
« un sommeil étrange : dans un état d'en-
« gourdissement lucide, il m'arriva d'a-
« voir une vision dont le souvenir me
« glace encore d'effroi. J'étais au jour de
« mon début, et le public, renversant
« toutes mes espérances, me refusait mes
« lettres de naturalisation ; honteux de ma
« défaite, je me disais : Qui donc viendra
« panser mes blessures ? Après m'être
« démis volontairement de l'emploi que
« j'occupais, où sera donc le refuge et la
« consolation du pauvre éclopé, du mal-
« heureux invalide de la coulisse ?

« Ne voyez-vous pas là, cher monsieur,
« un avertissement qu'il serait dangereux
« de ne pas mettre à profit ; ce qu'hier je

« voyais dans mon rêve ne peut-il pas
« devenir demain une réalité, quelles que
« soient vos bonnes intentions à mon
« égard? Que pourrez-vous pour moi,
« après ma mésaventure? Il ne me restera
« plus qu'à faire une prompte retraite et
« j'aurai perdu tout avenir. Il en est
« temps encore, laissez-moi appeler la
« raison à mon secours et recevez tous
« mes regrets de n'oser accepter des of-
« fres que vous avez l'art de rendre si
« séduisantes. »

Le lendemain, M. Poirson, qui ne sait pas s'inquiéter d'un songe, m'envoyait pour toute réponse un engagement de dix années, et me nommait régisseur en chef du Gymnase Dramatique.

Après une lutte aussi obstinée, aussi prolongée, que me restait-il à faire? Résister encore?... Soyons franc: en avais-je bien la volonté? En avais-je les moyens, d'ailleurs? Après toutes les déceptions, toutes les promesses mensongères dont on m'avait bercé, ne me voyais-je pas à la veille de me trouver sans emploi?... Le combat était rude: signerai-je, ne signerai-je pas? Je saisis la plume avec rage, je la rejetai bientôt, pour la reprendre et la rejeter encore. « A la fin, m'écriai-je,
« c'est trop de résistance, puisque le sort,
« puisque tout le monde m'y contraint. A

la grâce de Dieu! c'en est fait, je suis comédien! » — Je signai.

Je me hâtai de porter moi-même cet engagement à mon directeur, et je rentrai chez moi, haletant, la tête en feu. Je n'oublierai jamais la fin de cette journée : je venais de consommer un acte qui allait décider du destin de toute ma vie ; j'étais fou, hors de moi, il me semblait que je venais de commettre une mauvaise action ; je voulais ravoir ma signature, marchant à grands pas dans ma chambre, je tenais les propos les plus insensés, je me surpris, dans mon trouble, déclamant ces vers du métromane dont la situation ressemblait à la mienne :

Je ne conçois plus rien aux transports qui m'a-
[gitent.]
En tout lieu, sans dessein mes pas se préci-
[pitent.]
Les noirs pressentiments, le repentir, l'effroi,
Les présages fâcheux volent autour de moi,
Je ne suis plus le même enfin depuis une heure...

M. Poirson est bon, me disais-je, il me comprendra, il consentira à déchirer ce fatal contrat, écrivons-lui. Je pris la plume, mais, avant de tracer les premiers mots, mes yeux se portèrent sur un volume de Jean-Jacques Rousseau qui par hasard se trouvait ouvert sur ma table, j'y lus ce qui suit: « Quel est au fond

« l'esprit que le comédien reçoit de son
« état ? Un mélange de bassesse, de faus-
« seté, de ridicule orgueil et d'indigne avi-
« lissement qui le rend propre à toutes
« sortes de personnages, hors le plus
« noble de tous : celui d'homme, qu'il
« abandonne. Il faut que les comédiens
« soient plus vertueux que les autres
« hommes, s'ils ne sont pas plus cor-
« rompus. »

Quelle horreur ! le cuistre !... Vous en aurez menti, Monsieur le philosophe ! je n'écrirai point à M. Poirson, dès ce moment, j'embrasse mon état avec bonheur, avec joie, je n'en veux pas d'autre et je jure de prouver à tous, en dépit du cruel préjugé qui nous opprime, que la profession du Théâtre n'exclut pas la noblesse des sentiments. A vous, mes enfants, de dire si votre père a tenu parole. Me voici donc comédien ! Beaumarchais avait bien raison de dire : « Nul être créé ne peut manquer à son instinct. »

L'engagement que je venais de contracter ne devait prendre cours, quant aux appointements, qu'à partir du jour de l'ouverture du théâtre, mais les doubles fonctions que j'avais à remplir exigeaient que je me misse immédiatement à la disposition de mon administration; je m'empressai d'envoyer ma démission à l'Etat Major général, et, au bout de quelques jours, le

25 octobre 1820, je reçus du Major général la lettre suivante :

« Monsieur, j'ai reçu la lettre par la« quelle vous m'informez qu'étant à la« veille d'obtenir un emploi qui vous pré« sente plus de stabilité, vous donnez« votre démission de chef du deuxième« bureau.

« Quelque contentement que je puisse« avoir de ce qui vous arrive d'agréable« et d'utile, ce sera avec bien du regret« que je vous verrai quitter la place que« vous occupez à l'Etat Major et que vous« avez toujours remplie d'une manière très-« distinguée.

« Ainsi que cela a eu lieu pour ceux de« vos camarades qui se sont éloignés de« l'Etat Major, je vous ferai jouir d'une« gratification de trois mois de traitement,« à partir du jour de la cessation de vos« fonctions.

« Croyez que j'apprendrai avec beau« coup d'intérêt que vous avez trouvé« dans la suite de votre détermination le« succès et les avantages que vous mé« ritez.

« Recevez, je vous prie, Monsieur, avec« cette assurance, celle de mes senti« ments de parfaite estime et de considé« ration. »

Le Major général,
Signé : Le duc de Choiseul.

Jusqu'alors, le théâtre avait été pour moi une passion remplie de charme et de séduction, il occupait mes plus chers loisirs, je lui sacrifiais tout, je n'étais heureux que par lui. Le lendemain du jour où il devint pour moi un devoir, une profession, j'en compris tous les écueils, je fus épouvanté. C'en est fait, me dis-je ; le monde est fermé pour moi, me voici brouillé avec ma famille, victime du préjugé social, je n'oserai plus serrer la main d'un ami, plus de relations, sur tous les visages je ne lirai plus désormais que froideur et dédain, j'entendrai dire autour de moi : Il est engagé au Gymnase, est-ce possible! Pauvre garçon ! c'est dommage.

Livré à ces cruelles réflexions, pendant quelque temps je fus le plus malheureux des hommes ; je luttais corps à corps contre le découragement et le désespoir, honteux de ma faiblesse, rougissant du parti que je venais de prendre. Je cédais à mon accablement, lorsqu'un beau jour il me sembla entendre une voix qui me disait : Allons, réveille-toi; l'avenir a ses secrets : qui sait ce que le sort te ménage? reste honnête homme et ne crains rien ! Cette illumination soudaine me rendit à moi-même, je me relevai de toute ma hauteur... j'étais transformé. Qu'as-tu donc tant à regretter; continua cette voix? le monde ?

— Je m'en suis toujours volontairement éloigné.

— Le préjugé ?

— L'estime publique m'en vengera.

— L'isolement ?

— Le travail saura m'en préserver.

— Eh bien ! à l'œuvre donc et obéis à ton étoile.

De ce moment, je repris toute mon énergie. Contrairement à ces jeunes gens qui ne voient dans la carrière du théâtre qu'une occasion de dissipations et de désordres, j'affectai une tenue, un maintien irréprochables; je veillai rigoureusement sur ma conduite et bientôt je m'aperçus, aux égards que l'on me témoignait, que je prenais la bonne route. Le Gymnase allait ouvrir sous le patronage de personnes fort distinguées : Picard, Scribe, les Delavigne, Melesville, Moreau, etc., en devenaient les auteurs favoris; je voulus, sinon par le talent, au moins par la distinction et les bonnes manières, me mettre un peu à leur hauteur. Je tenais beaucoup aussi à me poser, vis à vis des artistes, comme le véritable directeur de cette scène, et je dois dire que M. Poirson me présenta partout comme son bras droit. Pour achever ma métamorphose, je me promis d'éviter ces amourettes de coulisses que le théâtre rend si faciles et parfois si dangereuses; mais enfin j'avais trente ans: à cet âge, vivre en anachorète fut bientôt au-dessus de mes forces, l'isolement me devenait insupportable, j'éprouvais le besoin de m'épancher, de partager avec un autre moi-même mes plaisirs et mes peines. Mais où le rencontrer, cet autre moi-même ? Le comédien n'est-il pas condamné à vivre seul ? Oui, je le vois aujourd'hui, me disais-je, mais il est trop tard, les joies de la famille ne sont pas faites pour moi ! Alors, je maudissais la profession que je venais d'embrasser... Pauvre fou ! je niais le bonheur, je l'avais sous la main.

. . . .
. . . .
. . . .

Laissons donc à leur épreuve conjugale ces époux si bien assortis et ne pensons pour le moment qu'à cette nouvelle scène dont l'ouverture préoccupe tout Paris. Le théâtre est prêt, les tapissiers clouent les dernières banquettes, les affiches sont placardées et annoncent en grosses lettres :

THÉÂTRE DU GYMNASE DRAMATIQUE

Aujourd'hui 23 octobre 1820

POUR L'OUVERTURE

LA VISITE A LA CAMPAGNE

Opéra en 2 actes, paroles de MM. Bonnet et musique de M. Guénée.

LA MAISON EN LOTERIE

Comédie de M. Picard, musique de M. Alexandre Piccini.

M. PERLET débutera par le rôle de *Rigaudin*.

LE BOULEVARD BONNE-NOUVELLE

Prologue d'ouverture.

Les contrôleurs sont à leur poste, les trois coups redoutables se font entendre, le rideau se lève :

Le Gymnase existe.

En 1820, la concession d'un nouveau privilége de Théâtre à Paris était un événement considérable, aussi personne ne voulait croire à la prochaine ouverture du Gymnase ; mais, aussitôt qu'il ne fut plus possible d'en douter, des protestations sans nombre vinrent assaillir le Ministère :

tous les théâtres rivaux se liguèrent pour demander la révocation de ce privilége. Ils se montrèrent tellement hostiles à cette nouvelle concession, que M. de Corbières, alors ministre de l'Intérieur, dans l'impossibilité où il se trouvait de révoquer son arrêté et ne voulant cependant pas occasionner aux théâtres existants un préjudice qu'on lui dépeignait comme trop considérable, crut résoudre ce problème difficile en déclarant que cette nouvelle scène n'était autorisée, ainsi que l'indique son titre, que pour former des sujets destinés à enrichir les théâtres royaux et qu'il ne lui était permis de représenter autre chose que des fragments d'opéras et de comédies appartenant au domaine public, et par tolérance momentanée, quelques vaudevilles nouveaux. Ainsi il pouvait jouer un acte de *Tartufe*, une scène de *Richard Cœur-de-Lion* ou de la *Caravane du Caire*, mais jamais l'ouvrage entier.

Une interdiction de cette nature équivalait tout simplement et par avance à la ruine de l'entreprise. Les directeurs du Gymnase le comprirent; mais, en administrateurs prudents, ils acceptèrent sans la moindre observation. Ouvrons d'abord, se dirent-ils, voilà l'essentiel : nous lutterons ensuite avec ardeur et nous obtiendrons facilement la radiation d'une clause aussi insensée.

Pour arriver plus sûrement à leur but, ils eurent soin de s'entourer de personnes influentes par leur crédit et par leur fortune. Aussi comptait-on parmi les actionnaires de cette Société de puissants protecteurs : MM. Béjot, Boscheron, Bordas, Dosne, Boileau, Desprez, Général Friant, Guyot de Villeneuve, Javal, Leroux, comte Alfred de Montesquiou, etc. De savants jurisconsultes, MM. Bonnet père, Berryer, Caubert, Poncelet, Gauthier, Jaivre, Guyot, composèrent le conseil judiciaire.

Le comité de lecture comptait parmi ses membres, MM. Vatout, Viennet, Germain Delavigne, Poncelet, Maheraut, Bequet, Malitourne, etc. Quelque indigne que je fusse de faire partie d'un aréopage littéraire aussi distingué, je reçus de M. Poirson mon arrêté de nomination en qualité de membre de ce comité, ce qui flatta beaucoup ma petite vanité.

L'Administration comptait aussi avec raison sur l'heureux effet qu'allait produire dans le public la nouvelle de l'engagement de Scribe, l'auteur à la mode qui venait de s'interdire par contrat la faculté de travailler pour tout autre théâtre que le Gymnase.

Enfin, pour triompher tout à fait de la concurrence, on avait eu l'adresse d'arracher au Vaudeville ses deux meilleurs acteurs, Gontier et Mme Perrin qui faisaient alors la fortune du théâtre de la rue de Chartres, avec les débuts de Perlet, acteur original ; et, avec la réunion de tous ces éléments, il était bien difficile de ne pas frapper un coup décisif.

La représentation d'ouverture attira une affluence considérable : l'encombrement sur le boulevard était indescriptible.

Le prologue d'ouverture obtint un succès des plus francs. J'y remplissais le rôle de M. Ponctuel, le régisseur du théâtre ; j'obtins les honneurs du *bis* dans le couplet suivant, en l'honneur de Louis XVIII:

> Devant un public toujours juste
> Le Gymnase s'ouvre aujourd'hui,
> Sous les yeux d'un monarque auguste,
> Qui, de tout temps, des muses fut l'appui.
> Au Pinde, ainsi que dans l'Histoire,
> Il régnerait avec honneur ;
> Et des beaux-arts, il eût été la gloire,
> S'il n'aimait mieux être leur protecteur.

Tout alla bien jusque-là ; mais nos bons amis nous attendaient à la seconde pièce, *Une Visite à la Campagne*. Le poëme de ce petit opéra était assez faible, mais la musique de Guénée parut charmante ; Moreau Sainti et Mlle Esther s'y firent applaudir. Malgré leurs efforts, le mot était donné ; trop d'inimitiés nous entouraient, nous eûmes une belle et bonne chute. L'ouvrage fut retiré après deux représentations. Le triomphe de la soirée fut tout entier pour Perlet, plein de verve et de méchanceté dans Rigaudin. La *Maison en loterie*, quoique deux fois centenaire en vaudeville, obtint une seconde jeunesse, grâce à la musique agréable d'Alexandre Piccini, rappelé à grands cris. Après le baisser du rideau, Perlet vint recevoir du public ses lettres de naturalisation et son brevet d'acteur à recettes.

Après l'éclat d'un tel début, est-il besoin de dire que nous ne comptions plus que des amis? Rien ne rallie comme un succès; nous avions mis les rieurs de notre côté, que nous restait-il à craindre? Odry, ce grotesque si célèbre et si amusant, s'était déclaré notre adversaire le plus redoutable. Chaque jour, en se rendant de son domicile au théâtre des Variétés, il ne manquait pas de faire une petite pose au pied du mur du Gymnase; puis, après avoir satisfait aux lois de la nature, il nous disait avec son air narquois : « Vous vous croyez bien solides, mes enfants ; mais votre petit théâtre n'ira pas loin: voyez, je mine, je mine les fondations...

Nous n'en pressâmes pas moins les répétitions des pièces à l'étude. Chacun de nous comprenait la nécessité de se former bien vite un répertoire. J'étais tellement accablé de travail que j'avais presque oublié que M. le maire du IVᵉ arrondissement nous donnait rendez-vous pour le 19 janvier 1821. MM. Scribe et Poirson voulurent bien me servir de témoins ; ceux de Mˡˡᵉ Esther étaient M. Michot, sociétaire du Théâtre-Français, et notre camarade M. Juret. La veille de la célébration, M. Poirson vint me trouver. Vous concevez, mon cher ami, me dit-il, que demain le Gymnase se propose de faire relâche ; il est bien naturel que je vous laisse au moins le temps de vous marier ; d'ailleurs, vous jouez dans tous les ouvrages représentés jusqu'ici, il me serait donc impossible, sans votre concours, de composer une affiche ; soyez donc libre toute la journée.

Dans la disposition d'esprit où j'étais, je n'avais guère le cœur à la danse. Je me bornai à répondre à mon patron : Vous connaissez les paroles du Psalmiste : *Zelus domus tuæ comedit me*, ne changez rien pour moi, je vous en prie. Le lendemain, après la cérémonie, je jouais dans trois pièces, puis, après une journée si bien remplie, prenant le bras de ma femme, nous gagnâmes le gentil domicile conjugal en fredonnant amoureusement : « Allons-nous en, gens de la noce ; allons-nous en chacun chez nous. »

Neuf mois après, jour pour jour, ma

femme me donnait une fille, qu'en souvenir de ma sœur bien-aimée, je m'empressai de nommer Laure ; nous eûmes le malheur de la perdre après quelques semaines d'existence.

Pendant ce temps, la vogue du Gymnase grandissait et dépassait toutes les espérances; aux triomphes de Perlet, succédaient ceux de Gontier, de Léontine Fay, de Bernard Léon, de Clozel, de Virginie Déjazet. Les recettes de la première année s'élevèrent au chiffre énorme de 779,736 fr. Sur vingt-sept pièces représentées dans la première année, Scribe en donna quatorze pour sa part, dont : Le *Secrétaire et le Cuisinier*, le *Colonel*, le *Gastronome sans argent*, la *Petite Sœur*, le *Mariage enfantin*, l'*Artiste*, *Michel et Christine*, *Philibert marié*.

Le *Comédien d'Etampes* de Sewrin et Moreau, qui fut joué 134 fois de suite, dut une partie de son succès à une scène scandaleuse qui eut lieu le jour de la première représentation. Cette pièce, destinée à faire briller particulièrement le talent de Perlet, se composait de scènes à travestissements dont il avait indiqué aux auteurs les différents types ; entre autres personnages, on comptait beaucoup sur celui d'une anglaise ridicule, espèce de Nina Vernon, devant chanter une romance britannique assez originale que cet acteur avait apportée de Londres.

A la suite de je ne sais quelle discussion, Perlet dont l'orgueil et l'entêtement étaient extrêmes, déclara, la veille de la représentation que la chanson intercalée dans la pièce étant sa propriété, et non celle des auteurs, il ne la chanterait pas. A toutes les observations qu'on put lui faire, il répondit qu'il était inutile d'insister et que pour rien au monde il ne chanterait. Embarras de l'administration, colère des auteurs ; on passa outre : la représentation eut lieu. Tout alla bien jusqu'à la chanson ; mais alors Perlet s'arrêta, les acteurs en firent autant. Quelques spectateurs déjà au fait de l'incident crièrent : La chanson !... La chanson !... La pièce, la pièce ! Voyant le public se fâcher, je fis signe au chef d'orchestre de donner la ritournelle. Perlet furieux hésita un instant, puis il quitta la scène et courut à sa loge se déshabiller. L'insolent ! cria-t-on de toutes parts, des excuses, des excuses !! Intervention du commissaire de police, le tumulte est à son comble. Perlet revient, il veut donner des explications ; — des excuses ! des excuses ! il se retire en faisant comprendre qu'il n'en donnera aucune. Les acteurs se retirent de leur côté. Le vacarme redouble ; enfin au milieu des cris, des vociférations, Perlet reparaît, à moitié vêtu et déclare à l'assemblée qu'à partir de ce moment il cesse d'être comédien, puis il disparaît au milieu d'une épouvantable bordée de sifflets ; le rideau baisse. Au bout d'un quart d'heure du plus horrible charivari, nouvelle apparition du commissaire de police. « M. Perlet, dit-il, persistant dans sa résolution d'abandonner la profession de comédien, n'appartient plus au théâtre ; mais, par respect pour l'assemblée, il offre de jouer le *Parrain* indiqué par l'affiche comme devant terminer la représentation. » Ce bon public, naguère si courroucé, s'apaise comme par enchantement, Perlet reparaît sans la moindre opposition et la soirée se termine au milieu des applaudissements les plus vifs.

Une tempête dans un verre d'eau.

Mais à cette tragi-comédie devait succéder une scène plus sérieuse, immédiatement après le baisser du rideau. Perlet rejoint dans mon cabinet M. Moreau, l'un des auteurs, et lui demande satisfaction des propos offensants qu'il s'était, disait-il, permis de lui adresser. Rendez-vous fut pris pour le lendemain à 7 heures, à la porte Maillot; Moreau me prie d'être un de ses témoins, ce qui me flattait médiocrement. J'accepte cependant et je m'abouche avec Evariste Dumoulin, rédacteur du *Constitutionnel*, que Moreau avait également choisi. A l'heure indiquée nous nous trouvâmes sur le pré ; nous proposâmes l'épée; Perlet, en sa qualité d'offensé, exige le pistolet : s'il eût osé, il eût demandé le canon. Après deux coups échangés sans résultat, nous étions tous d'avis de nous en tenir là; mais Perlet avec cette opiniâtreté qui a toujours été le fond de son caractère, nous répondait stoïquement : « Je suis venu ici pour me battre et je me battrai ! » Il fallut céder et charger une troisième fois les pistolets : même résultat. Cette fois, il était bien démontré que nos deux champions tiraient leur poudre aux moineaux et qu'ils devaient désormais se borner, l'un à composer, l'autre à jouer des vaudevilles. Tout ce que nous pûmes obtenir de nos deux adversaires fut de reconnaître que l'honneur était satisfait et qu'il ne restait plus aucun motif de mésintelligence et que Perlet chanterait la chanson anglaise. On se sépara très-froidement. Evariste et moi nous nous rendîmes avec Moreau chez Gillet, restaurateur de la porte Maillot, un fort bon déjeuner, dénoûment obligé de ces sortes d'affaires, nous attendait, et nous nous empressâmes d'y faire honneur.

Terminons cette relation par une petite confidence qui, après 50 ans écoulés, ne passera pas pour une indiscrétion. Le motif de ce duel était si futile qu'une simple expression de regret de part et d'autre aurait dû suffire pour mettre fin à ce différend; mais connaissant la farouche obstination de Perlet, et bien décidés à éviter toute espèce de catastrophe, nous nous étions, Dumoulin et moi, en arrivant sur le terrain, entendus avec les témoins de notre adversaire, et, les trouvant tout à fait raisonnables, nous substituâmes d'un commun accord d'innocentes balles de liége au plomb meurtrier, en nous promettant que le secret le plus absolu serait gardé sur cette substitution.

Aujourd'hui nos deux champions sont morts, et c'est en tremblant que je dévoile ce fatal secret, car si Perlet venait à savoir la vérité, il serait capable de provoquer son adversaire jusqu'au séjour des ombres.

Un dernier trait complétera le portrait de ce quinteux comédien qui, malgré ses bizarreries, n'était pas moins un homme fort instruit et fort distingué.

Qui se ressemble, s'assemble, disait-on souvent en parlant de la famille Perlet; jamais proverbe ne fut plus justement appliqué.

Il avait épousé la fille de Tiercelin, l'un des acteurs les plus originaux du théâtre des Variétés. Tiercelin, excellent homme du reste, était, comme son gendre, l'humoriste le plus refrogné qui put se rencontrer ; sa fille possédait toutes les vertus paternelles ; ce trio était d'une gaîté folle: ils ne se disaient jamais un mot. Un jour cependant, Perlet donnait à dîner à son beau-père. Tiercelin arrive et trouve ses enfants tournant chacun le dos à la cheminée, assis dos à dos, et contemplant silencieusement, l'un les murailles de l'appartement, l'autre la croisée. Il s'arrête, va de l'un à l'autre, les regarde sans mot dire, prend un fauteuil près de la porte d'entrée et attend quelques secondes, puis il se lève, les regarde sans rien dire et court dîner ailleurs. Cette scène muette ne les peint-elle pas bien tous les trois ? Cependant le succès du *Comédien d'Etampes* grandissait chaque jour à la grande joie du caissier. Il devenait impossible que devant une fortune aussi subite les haines de nos rivaux ne se réveillassent pas plus ardentes et plus passionnées. Le Ministre était obsédé chaque jour de réclamations tendant à faire rentrer le Gymnase dans les limites de son privilége ; il hésitait, il accordait des délais qu'il lui était bien difficile de refuser. Et les mois s'écoulaient au milieu d'inquiétudes sans cesse renouvelées, mais que nos administrateurs avaient soin de tenir secrètes. Lorsqu'un jour parut dans le journal des *Débats* un article conçu à peu près dans ces termes :

« Les directeurs du Gymnase viennent
» de recevoir communication officielle
» d'un arrêté de M. le Ministre de l'Inté-
» rieur en vertu duquel ce théâtre devra
» définitivement rentrer dans les limites
» de son privilége. Cet arrêté deviendrait
» exécutoire huit jours après la signifi-
» cation. — Cette disposition équivaut à
» un ordre de fermeture ; espérons qu'il
» n'est pas irrévocable. »

Ce journal n'était que trop bien renseigné, la trame n'était que trop bien ourdie ; cet arrêté nous fut signifié le jour même où parut ce fatal article ; grande fut notre consternation, en lisant cet arrêt de mort. En vain nos actionnaires les plus puissants mirent-ils en jeu de hautes influences pour obtenir la révocation de cette décision, elles furent paralysées par les sourdes manœuvres de nos ennemis : notre perte était jurée ! Le Ministre demeura inflexible, tout recours nous était fermé. Se jeter aux pieds du roi !... Il nous renverrait à son ministre... La perplexité était au comble. Enfin la veille du jour où nous allions être exécutés, notre conseil d'administration, qui, sans doute, avait passé une nuit fort agitée, se réunit de grand matin, le moment était suprême !

Quelqu'un de vous, messieurs, demande le président, aurait-il enfin découvert le moyen de conjurer le péril qui nous menace ?

Silence général ! Le découragement est peint sur toutes les figures.... Faudra-t-il donc renoncer à une entreprise inaugurée sous de si brillants auspices? L'émotion est à son comble, mais chacun reste muet... lorsqu'un des membres se lève avec animation : Messieurs, dit-il, les moments sont chers, il nous reste cependant un dernier espoir, hâtons nous de le saisir, demain peut-être il ne serait plus temps. — Parlez, parlez vite !

Nous avons près du trône une princesse jeune, ardente, cultivant les arts, aimant les concerts et les spectacles, elle est l'enfant gâtée du Roi qui ne sait rien lui refuser, faisons lui connaître notre détresse, intéressons-la à notre sort, elle seule peut nous sauver.

Vous pensez peut-être que cette ouverture fut accueillie avec transport. Détrompez-vous. Un *tolle* général couvrit la voix de l'orateur. Jamais, dirent les uns, nous ne consentirons à accepter la moindre faveur de l'odieuse famille qui nous gouverne, nos opinions nous le défendent, de braves libéraux comme nous doivent conserver leur indépendance. En effet, Béranger et consorts avaient mis à la mode le libéralisme qui bientôt devait nous conduire à l'anarchie. Y pensez-vous répliquaient d'autres actionnaires plus raisonnables, cette proposition n'a rien de politique, pourquoi la rejeter ?

— Plutôt tout perdre, tout abandonner !

— Vous en parlez bien à votre aise.

— C'est de la lâcheté !

— C'est de la tyrannie !

On se sépara au milieu du plus affreux tumulte.

Cependant on n'abandonne qu'à la dernière extrémité des intérêts aussi sérieusement engagés. L'indépendance peut plaire à certaines personnes, cela dépend des goûts, tandis que les dividendes sont du goût de tout le monde; ils ont le secret d'ébranler, de modifier bien des convictions; s'il ne fallait que donner des preuves de cette assertion,

Les exemples fameux ne nous manqueraient pas

Et les bénéfices que présentait chaque année le cher Gymnase devaient nécessairement rallier bien des opinions. Nos farouches libéraux comprirent bien vite qu'ils avaient été trop loin, la frayeur les saisit, ils rêvèrent isolément toute la journée au parti qu'il leur restait à prendre, et le soir, sans aucune convocation, ils se trouvèrent tous, comme par hasard, assemblés au théâtre auprès des directeurs qui, de leur côté, enfermés avec Scribe, leur auteur favori, faisaient de bien sérieuses réflexions. Cette réunion fut encore bien orageuse, mais nécessité, dit-on, n'a pas de loi. Après une soirée consacrée à couvrir de malédictions le trop féroce M. de Corbières, il fallut se décider à parler raison et comme la proposition faite le matin était, pour la société, la dernière lueur d'espérance, on fut bien obligé d'y revenir. Une grosse difficulté restait cependant à aplanir : qui se chargerait d'attacher le grelot ? Une simple requête en vile prose adressée à la princesse, en style administratif, paraissait bien sèche et offrait peu de chances de succès; il fallait, pour intéresser une jeune femme, une ardente napolitaine, attaquer la corde sensible, parler le langage du cœur : la poésie réunissait tous ces avantages et tournait toutes les difficultés. Elle permettait, par exemple, de personnifier le théâtre sous les traits d'un jeune enfant à qui on veut arracher la vie ; dès lors c'est l'enfant qui pleure, c'est l'enfant qui supplie, c'est l'enfant qui signe ; de cette façon si l'on succombe, personne n'est compromis, si l'on triomphe au contraire on est dispensé de la reconnaissance, puisque directement on a rien demandé !

Pauvres princes, on veut bien vous devoir la fortune et la vie, mais à la condition de conserver un pied dans le camp de vos ennemis !

C'est de l'ingratitude anticipée, de la perfidie méditée !

Scribe était le seul homme dont la verve élégante et gracieuse pouvait livrer un tel combat, lui seul était de force à remporter une aussi belle victoire. Il s'est tiré avec honneur de cette tâche difficile en composant une épitre en vers empreinte d'un tel charme qu'aussitôt qu'elle en eut pris lecture, la princesse, touchée de notre détresse, détournait le glaive prêt à nous frapper et déclarait hautement que du pauvre condamné elle faisait désormais son enfant d'adoption. Aussi quelques jours s'étaient à peine écoulés que le Gymnase avait échangé son titre contre celui de *Théâtre de Madame*. Les acteurs étaient devenus les comédiens ordinaires du Théâtre de son Altesse Royale. Enfin, un médaillon incrusté dans la boiserie du foyer public nous donnait le portrait de Madame la duchesse de Berry entouré de ce fragment de Virgile : *hæc otia fecit* !

Nous avons donc lutté contre l'arrêt de mort suspendu sur notre tête pendant deux ans et deux mois, et notre véritable existence ne date, en quelque sorte, que de la fin de janvier 1823.

. . . .
. . . .
. . . .

M. Poirson revenu de cette première ardeur qu'il avait déployée lors de l'ouverture du théâtre, commençait à éprouver le besoin d'un peu de liberté. Mais, défiant par nature, ayant peur de son ombre, il se reprochait par avance les courts instants qu'il voulait passer dans le monde; il avait cependant en moi autant de confiance que son caractère ombrageux pouvait lui permettre d'en accorder ; mais quoique je passasse régulièrement au théâtre les trois quarts de chaque journée il trouvait encore mes absences trop fréquentes, ce ne fut donc pas sans étonnement que je le vis un jour m'aborder en me disant :

« Mon cher ami, votre domicile est trop éloigné ; quand je ne vous sens pas là je suis tourmenté. Je viens vous faire une proposition: il existe, dans les étages supérieurs du théâtre, quelques pièces non occupées, allez les visiter et voyez si au moyen de quelques agencements, vous pourriez en faire votre appartement; je vous verrais avec grand plaisir habiter ce local. Je m'y rendis aussitôt. L'emplacement n'était pas merveilleux, il était surtout très-bas de plafond, mais cet inconvénient était compensé par des avantages réels. Plus de loyer, plus d'éclairage, plus de chauffage à payer, j'épargnais en outre à ma femme la fatigue de monter et descendre le faubourg quatre fois par jour ; en un mot je réalisais une économie d'environ 1,500 fr. par an. J'acceptai donc l'offre qui m'était faite, je fis approprier et décorer mon nouveau domicile d'une façon qui le rendait tout à fait méconnaissable et je m'y installai à ma grande satisfaction.

Mon patron, dont on a pu apprécier la bizarrerie, me félicita sur mon installation, puis il me dit:

« A propos, j'ai oublié de vous prévenir d'une chose, je ne veux, à aucun titre, rencontrer dans les couloirs ou dans les escaliers de la salle, aucune personne étrangère à la maison.

— Même pour mon service particulier, lui dis-je?

— Absolument.

— Il ne me reste donc plus qu'à déménager.

— Arrangez-vous, c'est votre affaire.

Puis, voyant qu'il le prenait sur un ton demi plaisant, je n'y attachai aucune attention et nous parlâmes d'autre chose. A quelques jours de là, je le rencontre tout effaré. Eh bien, me dit-il, vous savez ce qui arrive? j'ai rencontré ce matin le porteur d'eau dans l'escalier de service! Je pris le parti le plus sage, je le laissai se désoler sans lui répondre, mais non sans bien rire à part moi de ces exigences si baroques. Ce changement d'appartement devait forcément modifier notre régime intérieur, nous étions trop nombreux pour nous loger tous convenablement dans cette nouvelle case. Je louai, rue St-Etienne, vis-à-vis le Gymnase, un logement dans lequel s'installèrent Madame Oury et son fils, notre bonne, car nous nous étions donné une bonne en remplacement de la veuve Cageon qui avait pris sa retraite, il y avait en outre une chambre pour les enfants présents et à venir ; puis, enfin, une petite cuisine où se faisait notre petite pot-bouille dont, à l'heure des repas, on nous apportait à la métropole les succulents produits. La grand'mère dirigeait cette succursale avec une sollicitude toute maternelle. Notre position commençait donc à s'améliorer, mais l'adversité est toujours bien près de nous : la maladie ne tarda pas à venir à nous. Une fièvre nerveuse des plus intenses s'empara de ma pauvre femme et mit bientôt ses jours en péril. Je la veillai nuit et jour sans prendre une heure de repos. Mon brave Masson, dans le talent duquel j'ai toujours eu la plus grande confiance et qui la méritait à tous égards, lui prodigua les soins les plus tendres. La maladie avait pris une telle gravité, que de tous côtés on m'invitait à appeler en consultation quelques-unes de nos célébrités médicales, mais jamais je ne pus m'y résoudre. Enfin, après un grand mois d'inquiétudes, les souffrances se calmèrent et ma pauvre femme revint à la santé; mais les organes du cerveau conservèrent une extrême sensibilité. Revenus de ce cruel assaut, nous reprîmes bientôt notre gaîté, car, ainsi que le dit ce bon Colin d'Harleville :

Nous renaissons alors et le monde avec nous!

Revenons donc à notre heureux théâtre de Madame et à sa puissante protectrice ; nous voici en 1823.

Outre le plaisir qu'elle éprouvait d'avoir fait une bonne action, on comprend facilement que cette chère princesse, vive, enjouée, avide de plaisir comme on l'est à son âge, était heureuse du nouvel amusement qui lui était offert. On ne parlait plus au château que du théâtre de Madame, c'était le joujou favori. Les vieilles duchesses elles-mêmes n'osaient paraître à la cour sans être au courant du répertoire. Quelques jours s'étaient à peine écoulés depuis l'heureuse intervention de la princesse, qu'un ordre venait de nous tenir prêts a donner au pavillon Marsan un spectacle auquel devait assister toute la famille royale, à l'exception du roi qui, en raison de ses infirmités, sortait rarement de ses appartements. *L'Intérieur d'un Bureau*, comédie-vaudeville de Scribe et Varner, était alors dans toute la fraîcheur de son succès ; il fit partie du programme de la soirée, mais il était bien difficile de se présenter pour la première fois devant notre bienfaitrice sans un à-propos de circonstance. Le patron supplie Scribe de se charger de ce travail, celui-ci refuse tout net. MM. les libéraux, pensait-il, ne lui pardonneraient pas. Les instances cependant furent si vives qu'il fut obligé de céder, mais en faisant jurer à M. Poirson que le secret le plus absolu serait gardé ; quant au nom de l'auteur, que les acteurs eux-mêmes ne le connaîtraient pas, et qu'une fois l'ouvrage représenté il n'en resterait aucune trace. M. Poirson promit tout ce qu'on voulait. L'à-propos intitulé *la Rosière de Rosny* fut composé et appris à la vapeur, il obtint un succès d'enthousiasme qui se comprend d'autant mieux que la pièce était un bouquet du parfum le plus délicat et le plus enivrant. Le couplet final, adressé à Madame, se terminait ainsi :

Chaque vertu nous offrait une fleur,
Nous n'avons fait que la couronne.

Scribe s'était bien gardé d'assister à la représentation, et cependant il était loin de se douter du piége que lui avait tendu son excellent ami. Au baisser du rideau, un gentilhomme de service est venu offrir à la famille royale d'élégantes brochures sur lesquelles on lisait : « *La Rosière de Rosny*, à-propos, par MM. Delestre-Poirson et Scribe. Le comte d'Artois fit sur-le-champ demander Scribe que l'on chercha partout, mais inutilement.

Je renonce à dépeindre la fureur de Scribe quand il apprit ce manque de parole.

A l'issue du spectacle, je présidai un magnifique souper, où je portai la santé de notre auguste protectrice.

A dater de cette époque, notre barque si longtemps battue par la tempête, ne vogua plus que sous un ciel bleu. Les succès obtenus en 1823 par Gontier dans *La Maitresse au Logis*, par Bernard Léon, dans *Partie et Revanche*, enfin les débuts de Mme Théodore nous conduisirent aisément au mois d'août 1824. La princesse, partant alors pour Dieppe, où chaque année elle séjournait pendant la saison des bains, ordonna cette fois que son théâtre l'accompagnât pendant son voyage. Grande colère des théâtres rivaux. M. Poirson, ne pouvant céder à d'autres l'honneur de suivre Madame, m'investit pendant son absence de la haute direction du Gymnase, et me voilà séparé de ma femme qui part avec sa mère pour n'être de retour qu'au bout de six semaines.

Resté seul à Paris avec une très-minime partie de la troupe et un répertoire qu'il fallait renouveler entièrement, je sus déployer une bien dévorante activité. Nous étions si peu nombreux que, si j'étais tombé malade, il m'eût fallu fermer le théâtre. Le patron, avec sa générosité bien connue, m'allouait pour ce surcroît de travail un feu de.... 6 fr., quand je jouais dans les quatre pièces du spectacle ! Si la représentation ne se composait que de trois pièces, je n'avais rien à prétendre ! Que voulez-vous, j'ai toujours été si maladroit pour défendre mes intérêts personnels ! Malgré des chaleurs tropicales, tout alla le mieux du monde ; nos recettes ont toujours atteint un taux satisfaisant ; en un mot, j'ai administré sagement et laborieusement.

A son retour, le patron me félicita sur ma gestion, me fit cadeau d'un bijou en ivoire, produit de l'industrie Dieppoise, et me donna une gratification de 300 fr. Pendant cette espèce d'interrègne, on s'était mis à l'œuvre pour construire une loge et un salon d'honneur destinés à Madame, ainsi qu'un escalier indépendant du public. Tout était donc disposé pour la recevoir dignement. Son Altesse Royale honora pour la première fois son théâtre de sa présence, le 23 décembre 1824, jour anniversaire de l'ouverture du Gymnase. Il devint aussitôt du dernier bon ton de fréquenter un théâtre où l'on pouvait espérer d'y rencontrer la princesse; c'était une manière de lui faire sa cour, aussi les dames n'y venaient qu'en costume de soirée, et les hommes qu'en toilette de bal.

Je n'essaierai pas de suivre le Gymnase dans les différentes phases de sa nouvelle fortune. On n'a pas vu d'exemple d'une aussi éclatante prospérité.

Scribe était dans toute la puissance de son talent, il suffisait presque seul à l'alimentation du répertoire, on ne comptait ses pièces que par le nombre de ses succès. Madame, de son côté, donnait à son théâtre une vogue inouïe; elle assistait fréquemment aux représentations sans même se faire annoncer, composait elle-même, en l'honneur des princes qui venaient la visiter, des spectacles, soit pour le Gymnase, soit pour le pavillon Marsan, sans penser que les programmes, souvent fort bizarres, qu'elle indiquait, dérangeaient nos combinaisons d'affiches et de répertoire ; ce qui fit dire un jour à Scribe en ma présence : « Les caprices de Madame sont tels qu'on est à se demander si sa protection ne nous est pas plus nuisible qu'utile. » N'eut-elle pas un jour l'idée de demander au roi et à la sévère duchesse d'Angoulême la célèbre scène du *Sourd* ou *l'Auberge pleine*, dans laquelle Dasnières et le papa Doliban jouent une partie de piquet entremêlée des calembourgs les plus saugrenus ! La tentative n'était pas d'une exécution facile ; le Roi n'allait au spectacle que dans les occasions les plus solennelles, il ne fallait pas penser à le conduire au Gymnase ; donner une soirée au pavillon Marsan pour y représenter une farce aussi légère n'était pas non plus sans inconvénients. La jeune princesse tourna lestement tous ces obstacles. Elle invita un jour à dîner le roi et la famille royale, sans les prévenir aucunement de ce qu'elle méditait ; puis, après le repas, en se rendant dans les appartements d'honneur, les princes, à leur grande surprise, trouvèrent installés dans un des salons intermédiaires deux honnêtes bourgeois jouant tranquillement au piquet et ne se préoccupant aucunement (ceci leur avait été bien recommandé) de l'arrivée des augustes personnages qui, de leur côté, ne savaient pas trop ce que tout cela voulait dire. Les honnêtes bourgeois n'étaient autres que notre excellent comique Legrand et votre humble serviteur. Ne vous dérangez pas, Messieurs, nous dit Madame ; les princes prirent place autour de notre table, et nous entamâmes notre fameuse scène qui parut les amuser infiniment. En plat courtisan que j'étais, j'avais réservé pour clôturer la série de nos jolis calembourgs un lazzi de circonstance qui couronna fort gaîment la soirée. Ecoutez et frémissez :

Dasnières. — Voyons, papa Doliban, vous qui savez tant de choses, connaissez-vous le frère cadet de Télémaque ?

Doliban. — Je n'ai jamais ouï dire que Télémaque ait eu des frères.

Dasnières. — Si fait, papa Doliban ; cherchez bien.

Doliban. — Oh! c'est inutile, je me rends.

Dasnières. — Eh bien le frère cadet de Télémaque, c'est monseigneur le duc de Bordeaux.

Doliban. — Oh! oh! Qu'est-ce que vous dites donc là ?

Dasnières. — Oh! oh! Quand vous direz oh! oh! allons vous n'êtes pas fort papa Doliban.

Doliban. — Enfin pourquoi monseigneur le...

DASNIÈRES. — Parce que c'est le dernier rejeton d'Ulysse (du Lys)!!

L'à-propos était d'autant plus drôle que le duc de Bordeaux, aujourd'hui le comte de Chambord, assistait à cette petite scène de famille.

A toutes ces fêtes, à toutes ces réunions assistaient régulièrement Louis-Philippe, alors duc d'Orléans et sa famille; ils étaient de la part de la branche aînée l'objet des prévenances et des attentions les plus délicates. Ils sont si bons ces d'Orléans, disait souvent Madame. J'étais loin de prévoir alors les événements dans lesquels notre futur roi citoyen devait quelques années plus tard jouer un rôle que je m'abstiens de qualifier; cependant son attitude me semblait singulière; je le vois encore à un de nos gentils spectacles du pavillon Marsan, la lorgnette appuyée sur son genou, tournant presque le dos à la scène, il paraissait absorbé par les réflexions les plus sérieuses, et je me rappelle m'être dit en l'examinant avec attention :

Ce prince assurément n'aime pas la musique.

Je ne me trompais pas : il avait bien

d'autres choses en tête; à peine la représentation était-elle terminée, il se hâtait de regagner la grande galerie de son palais qui, chaque soir, se remplissait de tous les libéraux, les mécontents, les intrigants repoussés des Tuileries. Le Palais-Royal semblait fait exprès pour ce genre d'opposition. Ces messieurs étaient enchantés de rencontrer un habile complaisant pour leurs intérêts froissés; ils étaient ravis de trouver un palais de prince pour y conspirer commodément, sans le moindre danger et en quelque sorte à portes ouvertes. Louis-Philippe les accueillait avec une grâce parfaite, et c'est alors qu'avait lieu cet échange de poignées de mains les plus significatives.

Depuis deux siècles, quand la branche cadette n'a pas été un danger pour le trône, elle l'a, tout au moins, miné par une sourde opposition. Comment oublier l'admirable portrait que Louis XVIII traça de son parent, en apparence reconcilié, dévoué même, mais de qui il n'ignorait ni l'attitude ni les relations.

« Il ne remue pas, disait le roi, et cependant je m'aperçois qu'il marche; cette activité sans mouvement m'inquiète. Comment m'y prendre pour empêcher de bouger celui qui ne marche pas? C'est un problème qu'il me reste à résoudre. Je voudrais bien n'avoir pas à en laisser la solution à mon successeur. »

La sagacité de l'ancien solitaire d'Hartwell ne le trompait pas. Rentrons cependant dans notre sujet.

L'hiver de 1824 vit éclore pour le Gymnase de nouveaux succès. *La Quarantaine, Le plus beau jour de la vie, Le Charlatanisme, Les premières amours,* élevèrent les recettes de cette année à 720,000 fr. Malheureusement la caisse avait beau se remplir, les actionnaires non-seulement ne touchaient rien, mais, à la fin de chaque exercice, restaient redevables de sommes considérables envers les gérants qui seuls s'enrichissaient, sans qu'on eût le plus petit reproche apparent à leur adresser. Voici le mot du logogriphe :

Ces messieurs avaient eu l'adresse de faire signer à leurs actionnaires un acte de société des plus séduisants. Vous aurez, leur disaient-ils, la totalité des bénéfices ; pouvait-on désirer davantage ? Quant à nous, nous nous contenterons d'appointements fixes des plus modestes. Un si rare désintéressement devait nécessairement cacher un mystère; mais les gérants étaient si rusés! Loin de nous, ajoutaient-ils, la pensée de charger une entreprise naissante de frais considérables ; si la fortune nous favorise, mais dans ce cas seulement, il sera temps de recueillir le fruit de nos travaux; et dans cette prévision, à titre de complément de traitement, nous vous demanderons sur la recette brute (remarquez bien ce mot), le prélèvement de droits proportionnels qui ne pourront, en aucun cas, s'élever au-dessus de 20 0/0.

Les actionnaires ne comprirent pas où on les entraînait, ils ne supposèrent pas un instant que ce prélèvement, qu'ils accordaient sur la recette brute, allait figurer au chapitre des dépenses, qu'il devenait une charge de l'entreprise, et que par conséquent il devrait être acquitté comme les autres frais avant tout partage de bénéfices entre les actionnaires.

Les gérants l'avaient bien compris, eux! ils s'empressèrent de réunir à quelque prix que ce fût les éléments les plus attractifs, en vue de grossir le plus possible, non pas le chiffre des bénéfices, dont ils n'avaient plus besoin de se préoccuper, mais bien celui des recettes brutes sur lesquelles ils allaient prélever des droits considérables. Ainsi ils ne craignirent pas d'engager Léontine Fay qui, à l'âge de 10 ans, faisait courir tout Paris, et qui touchait 500 fr. par représentation. Perlet, de son côté en touchait 300, Gontier 250; autour d'eux venaient se grouper à la fois Bernard Léon, Numa, Legrand, Férville, Mmes Théodore et Jenny Vertpré. Avec une telle réunion d'artistes, on faisait aisément des affiches remarquables et par conséquent des recettes monstres, sur lesquelles les gérants, aux termes de leur acte constitutif, opéraient, avant tout partage de bénéfice, des prélèvements énormes. Un tel état de choses ne pouvait durer longtemps; les actionnaires ne tardèrent pas à s'apercevoir de leur sottise. Aux murmures isolés succédèrent les assemblées les plus tumultueuses, et l'on parla de demander aux tribunaux la résiliation de l'acte social.

A la fin de l'exercice 1825, par exemple, on présenta le compte suivant à l'assemblée générale :

Recettes................Fr. 720.000

Primes accordées aux gérants sur la recette brute de 720.000 fr...............Fr. 144.000
Dépenses................Fr. 550.000

Total de la dépense.....Fr. 694.000

Dividende à répartir....Fr. 26.000

Ces résultats mirent le comble à l'indignation des actionnaires, ils résolurent de faire casser cet acte; des mémoires furent publiés, une instance engagée; les gérants résistèrent quelque temps, mais bientôt ils comprirent qu'il fallait absolument transiger, M. Poirson vint un jour me trouver et me dit : « Mon cher ami, voilà un petit acte que je voudrais porter à la connaissance de chacun de nos cinquante actionnaires : voulez-vous me rendre le service de vous présenter chez chacun d'eux et les prier de le revêtir de leurs signatures ? » J'ignorais alors de quoi il s'agissait ; cet écrit était tout simplement un certificat affirmant sa moralité, sa capacité et son entière probité. Je ne pouvais guère refuser de me charger d'une pareille commission. J'avais bien entendu dire qu'il existait un différend entre les gérants et la Société, mais de quelle nature était-il? Je n'en savais absolument rien. Je montai en voiture et, après 50 visites qui, en grande partie, eurent un résultat satisfaisant, je rapportai ce certificat à mon patron qui, pour reconnaître ce service, augmenta mes appointements de 500 francs par année. J'ai appris depuis qu'après de longs débats une transaction était intervenue entre les parties intéressées, que nos directeurs avaient enfin renoncé à leur prélèvement sur la recette brute, et qu'en échange de cet abandon, la Société avait étendu le nombre de ses actions et qu'elle en avait donné une grande partie à ses gérants.

Ces 500 francs inattendus ajoutés aux nouveaux avantages que me procurait mon installation au Gymnase augmentèrent mon revenu d'environ 2,000 francs par année.

. . . .

. . . .

. . . .

Pendant que mes heureux camarades se prélassaient sur les bords de l'Océan, je me livrais à Paris à mon métier de directeur qui n'était pas toujours couleur de rose. Les prétentions des auteurs, et surtout des auteurs sifflés, dépassaient parfois toutes les bornes; en voici une preuve entre mille.

M. Maurice Alhoy venait de faire représenter au Gymnase un vaudeville en un acte, *Le Tableau de Teniers*, qui ne put trouver grâce devant le public. Après quelques représentations, je voulus faire disparaître cette rapsodie; notre auteur entra dans une colère rouge et, se présentant dans mon cabinet, il m'ordonna grossièrement de rétablir sa pièce sur l'affiche du lendemain; refus formel de ma part.

— Votre pièce, lui dis-je, déplaît au public.

— Vous êtes un insolent !

— Il vous l'a témoigné hier d'une façon assez bruyante.

— Ce que vous me dites est une insulte.

— Vous n'avez donc pas d'oreilles ?

— Vous m'en rendrez raison ! Demain à six heures, je viendrai vous prendre ici avec mes témoins.

Puis, il partit. Cette provocation me semblait absurde. Je n'avais jamais manié une épée; cependant me figurant que l'honneur du théâtre était intéressé à ce que je ne reculasse pas, j'allai trouver mon ami, monsieur de Saint-Marc, je lui racontai mon aventure, nous allâmes ensemble au magasin du théâtre chercher de bonnes armes, et nous attendîmes notre ennemi de pied ferme : il ne vint point. Allons à sa rencontre, me dit Saint-Marc. Nous arrivâmes bientôt à son domicile, il était plongé dans le plus profond sommeil; nous carillonnâmes plusieurs fois à sa porte; enfin, il se décida à ouvrir. Il était en chemise, les yeux à peine ouverts, que voulez-vous donc à cette heure? Il avait tout oublié; bientôt cependant il se remit, puis prenant un air fanfaron: « Je suis à vous, messieurs, je vous demande le temps de m'habiller et je vous rejoins au Théâtre. » Il arriva en effet au bout d'un quart d'heure, escorté d'un prétendu témoin qui ignorait complétement ce dont il s'agissait. Je pris Saint-Marc à part et je lui dis : Maintenant, cher ami, agissez pour le mieux, ce butor était ivre hier, je crois que notre visite de ce matin l'a dégrisé, qu'il me fasse quelques excuses, sinon réglez les conditions de cette ridicule affaire comme vous l'entendrez.

Saint-Marc revint bientôt, et me présentant l'une de nos deux épées, celle que venait de choisir notre adversaire : Voici, me dit-il, l'épée avec laquelle César tua Pompée. M. Alhoy regrette les emportement d'hier, il vous prie de les oublier. Soit, répondis-je, quant à moi je regrette qu'il nous ait fait lever si matin.

Et le combat finit faute de combattants. En apprenant mes hauts faits, M. Poirson ne parut pas me savoir le moindre gré de ma conduite; si elle n'a pas été héroïque, ce que d'ailleurs je n'ambitionnais pas, au moins avait-elle sauvé l'honneur du théâtre. Sous ce rapport, il me devait au moins quelques remerciements.

Un mois s'était à peine écoulé depuis le départ de la Princesse, la cour et la ville l'avaient comme de coutume accompagnée dans son voyage, le temps était splendide, les fêtes se succédaient sans interruption, et l'on se promettait bien de ne quitter Dieppe que tout à fait à l'arrière-saison; mais les princes proposent et Dieu dispose. Un beau matin, au milieu de l'entrain général, la nouvelle d'un événement prévu malheureusement depuis longtemps vint jeter la consternation dans la ville. Le roi, éprouvé depuis tant d'années par les souffrances de la goutte, allait enfin succomber à ses souffrances, et Madame, mandée en toute hâte à Paris, se disposait à monter en chaise de poste.

Inutile de dire que son théâtre ne tarda pas à la suivre, et franchement il était temps, car ma pauvre femme voyait approcher le terme de sa délivrance, et le malheur qui menaçait la France ne devait pas longtemps se faire attendre. En effet, le 27 septembre 1824, le chef des hérauts d'armes paraissait à l'une des fenêtres du pavillon de Flore, et d'une voix émue faisait entendre à la foule assemblée ces lugubres paroles : le roi est mort! vive le roi! et Charles X montait sur le trône. Ce même jour, ma femme mettait au monde notre bien-aimé fils Léon-Xavier. Ce cher enfant apportait en naissant le germe d'une cruelle maladie : il était hydrocéphale. La Providence opéra un miracle en sa faveur en permettant l'écoulement au dehors de l'eau contenue dans son cerveau. Ses premières années exigèrent les plus grands soins.

La mort du Roi n'était pas pour la France un événement ordinaire. Malgré son état de souffrance, ce Prince avait conservé jusqu'à la fin toutes ses facultés intellectuelles, et gouvernait avec sagesse. Profond politique, il savait tenir en bride messieurs les libéraux, et l'on redoutait avec raison l'empire que les ultra-royalistes allaient exercer sur l'esprit de Charles X, le plus aimable, le plus honnête, mais malheureusement le plus faible de tous les monarques. Ce deuil de cour arrivant au commencement des vacances, c'est-à-dire au moment où, à Paris, l'émigration est générale, ne laissa pas de longues traces. Madame s'abstint de tout plaisir jusqu'à la fin de l'année; enfin elle honora pour la première fois de sa présence son heureux théâtre le 23 décembre, jour anniversaire de l'ouverture du Gymnase, et fut reçue ce jour-là avec toute la solennité due à son rang. Pendant le voyage de Dieppe on avait fait construire pour son service particulier un escalier d'honneur conduisant à une longue galerie, puis à un riche salon ouvrant sur sa loge gracieusement décorée. Madame parut très-flattée de la surprise qu'on lui avait ménagée.

Les premiers mois de ce nouveau règne furent salués et acclamés par la nation avec une unanimité sans exemple; à peine le deuil imposé par l'étiquette touchait-il à son terme que déjà l'on s'occupait des préparatifs du sacre de S. M., qui eut lieu à

Reims, au mois de juin, au milieu de la plus grande magnificence et des fêtes les plus splendides. Mais on se lasse de tout, même de l'admiration ; aussi Madame fut-elle bien heureuse, lorsque, délivrée de l'imposant cérémonial qui la tenait esclave depuis plus d'une semaine, elle put enfin voler vers son cher Dieppe que, l'année précédente, elle avait abandonné si malheureux.

Son théâtre, naturellement, fut du voyage, on me donna l'ordre de composer un répertoire assez varié pour durer deux mois entiers ; j'allais donc me trouver encore une fois maître absolu de notre cher Gymnase. La veille de son départ, M. Poirson me dit en me serrant la main : « A vous le destin de notre entreprise, je pars tranquille ; les services que dans maintes circonstances vous avez été à même de nous rendre nous ont prouvé que vous possédez les qualités d'un bon administrateur, mais il faut que vous le deveniez tout à fait, il faut que vous me succédiez, j'y ai déjà songé, et je vais y songer encore. »

Il me flattait, le cher homme, mais moi je savais mon patron par cœur. Je me disais : Tu me flattes, c'est tout simple, tu as besoin de moi. En supposant qu'il me parlât sérieusement, où aurais-je trouvé les fonds nécessaires à ce privilége ? Je ne suis pas un homme d'argent, je n'ai jamais rien entendu aux combinaisons financières, qui consistent à acheter, sans bourse délier; ma petite vanité cependant lui sut gré de ces bonnes paroles; en l'écoutant, je sentais, pour la première fois, naître en moi le germe de l'ambition : il est si bon de s'entendre flatter ! Il a raison, me disais-je, ma place n'est plus sur les planches de son théâtre où mon dévouement seul me retient, il est temps d'y régner en maître ou d'en sortir, à l'œuvre donc : saisissons encore une fois le sceptre directorial, et nous verrons après. Quelques succès heureux couronnèrent mes efforts, et les lettres que chaque jour mon patron m'adressait de Dieppe m'entretenaient dans mes nouvelles espérances.

Voici un fragment de celle qu'il m'adressait le 3 août 1825 : « Soyez persuadé, mon cher ami, que les preuves de zèle que vous me donnez vous seront comptées, puisqu'elles vont vous conduire à me remplacer; oui, c'est mon vœu le plus cher; avec de la persévérance nous ferons réussir ce projet, qui est essentiellement dans notre intérêt à tous deux. Mais prenez garde, le zèle de notre maison vous dévorera, et ce n'est pas ce que je veux, bien certainement. »

Je pourrais reproduire ici bien d'autres

fragments de cette correspondance ; mais, en conscience, mon cher patron me cassait tellement l'encensoir sur la tête que j'ai presque honte de reproduire moi-même ces éloges. « Je ne puis, me disait-il, qu'approuver et qu'envier ce que vous faites, soyez sûr que je ne perdrai aucune occasion de vous témoigner ma gratitude. »

Il résulta des comptes de ma gestion intérimaire que, pendant les deux plus mauvais mois de l'année, le théâtre, morcelé et privé de ses artistes les plus distingués, était parvenu à réaliser des recettes supérieures à celles des deux mois précédents, où le bon M. Poirson était entouré de ses meilleurs acteurs. Il aurait pu me savoir gré de ce résultat, puisqu'après tout je n'avais travaillé que pour ui; mais......

Faut-il que l'amour-propre aveugle les esprits
   D'une aussi terrible manière !...

Loin de me féliciter, il se plaignit de ce que j'avais voulu élever autel contre autel; dès lors ma disgrâce était signée : plus un mot de ces prétendus gages de gratitude dont il devait me combler, plus un mot de ses beaux projets de retraite et de sa succession qu'il me destinait. C'est là ce qu'on appelle s'acquitter à bon marché.

Je subis mon destin sans me plaindre; je

rentrai sous ma tente et j'affectai de me faire oublier.

Peu à peu je sentis s'éteindre en moi cette passion qui m'avait si longtemps dominé, je jouais toujours la comédie, je rendais même parfois quelques services, mais plus d'ardeur, plus d'enthousiasme, plus de diable au corps. Souvent en entrant en scène je me disais : « Mon ami, en voilà assez ; tu n'es plus à ta place. » Le matin, au lieu d'assister, comme je l'avais fait jusqu'alors, aux répétitions que Scribe dirigeait avec tant d'habileté, je profitais de la présence de mon directeur au théâtre pour rentrer dans mon cabinet, et je m'occupais de travaux littéraires. Ainsi, je me livrais sans relâche à l'étude d'une question qui m'avait toujours préoccupé, l'excommunication des comédiens. A cette époque, je fis paraître, dans le *Journal des comédiens*, une série d'articles sur cette question. Je ne m'en tins pas à ce travail. Depuis longtemps, j'avais un ardent désir de faire représenter, sur le théâtre du Gymnase, un ouvrage de ma composition. Mais comment y parvenir? A diverses reprises, j'avais griffonné quelques ébauches auxquelles je m'empressais de rendre justice en les jetant au feu, et je désespérais de pouvoir arriver lorsqu'un beau jour je lus, dans je ne sais quel journal, ces quelques lignes :

« Un honnête épicier de Nantes, retiré des affaires avec une certaine aisance, sollicitait depuis longtemps un emploi du gouvernement, comme récompense de services imaginaires, et se croyait à la veille de recevoir sa nomination. Un matin, en ouvrant sa fenêtre, il aperçut le télégraphe agitant ses grands bras au-dessus des tours de la cathédrale et transmettant des signaux ainsi conçus :
« Par ordonnance de ce jour, le roi nomme
« commissaire-général de la marine à
« Nantes M. Joseph...... »

« Ici s'arrêtait la dépêche : un gros nuage interceptait le reste de la nouvelle... Plus de doute : notre homme se croit nommé, et court annoncer sa bonne fortune à tous ses voisins. Chacun s'empresse de le féliciter : Vive Joseph ! Fanfares, feu d'artifice, tout lui est prodigué. Le lendemain, le brouillard était dissipé, le temps était splendide, et laissait voir, en grosses lettres, le nom du véritable titulaire, M. Joseph ***, officier distingué ! »

Cette plaisanterie, vraie ou fausse, me parut amusante, suffisamment originale ; je m'en emparai. Je me mis à l'œuvre, et, après un mois de travail, j'osai affronter notre redoutable comité de lecture, dont je faisais partie depuis sa création. J'avoue que ce ne fut pas sans une vive émotion que je me présentai devant ce terrible aréopage. J'eus le bonheur d'être reçu, et même passablement encouragé; cependant, comme je n'étais encore qu'un débutant dans la Société des auteurs dramatiques, M. Poirson m'imposa la collaboration de mon ami Théaulon, qui mit à notre œuvre le cachet de son gracieux talent, et, le 16 janvier 1826, on lisait sur l'affiche du théâtre de Madame :

1re REPRÉSENTATION DE

LE TÉLÉGRAPHE

Comédie mêlée de couplets, par MM. Théaulon et Dormeuil,

Jouée par MM. Bernard-Léon, Numa, Mmes Dormeuil et Julienne.

Le succès, sans être positivement éclatant, fut complet, et me causa la satisfaction la plus vive.

Uu grand malheur suit toujours de près un bonheur, quelques jours après, ma pauvre sœur mourait.

Je fus longtemps à me remettre d'une perte aussi cruelle; cependant, au bout de quelques jours, il me fallut imposer silence à ma douleur : au théâtre, il n'est pas permis d'avoir du chagrin. Je passe rapidement sur le dernier voyage de Dieppe, qui, cette fois encore, fut interrompu par des deuils de famille. Je ne dis qu'un mot de la *Saint-Charles des marins*, vaudeville de circonstance que Théaulon et moi nous fîmes représenter, le 3 novembre 1827, pour la fête de Madame, et qui nous valut du ministre de l'intérieur une gratification de 500 francs, et je me retrouve, en 1828, pendant un voyage de trois mois que fit M. Poirson, à la tête de notre entreprise. Je m'acquitte de ce nouvel intérim à la satisfaction générale. Ma réputation d'administrateur grandit, et l'on me désigne déjà comme devant bientôt occuper au Gymnase le trône directorial. M. de Guerchy, alors directeur du Vaudeville, m'avait pris en amitié ; il me proposa de le remplacer ; mais mon heure n'avait pas encore sonné : ce fut Bernard Léon qui l'emporta. Au bout d'un an, il était déclaré en faillite, et mon bon ami Désaugiers venait prendre sa place.

Cependant, les mois s'écoulaient. Après avoir visité l'Allemagne et l'Italie, mon cher patron songeait à regagner la France. Quant à moi, avant d'abdiquer, je tenais essentiellement à faire débuter Allan, qui venait d'être engagé, mais comme simple utilité. Ce jeune homme, gracieux, élégant, bien fait de sa personne, me semblait destiné à un meilleur avenir qu'à celui qu'on lui proposait. Pourquoi, me disais-je, ne tenterais-je pas une sorte de coup d'Etat en sa faveur ? Gontier est en congé ; il vient de remporter dans le *Diplomate* un très-grand triomphe ; le rôle est brillant, sympathique. Pourquoi ne ferais-je pas débuter mon protégé dans cette pièce ? Quelque chose me dit qu'il doit réussir ; d'ailleurs, dans la position infime que l'administration lui réserve, que risque-t-il ? S'il échoue, il ne tombera pas de bien haut. L'entreprise était périlleuse : le succès couronna notre audace. Allan réussit complétement, et, au lieu d'un second ou troisième amoureux qu'il payait très-bon marché, M. Poirson trouva, à son retour, un brillant jeune premier rôle, qui, pendant bien des années, lui rendit d'importants services.

— Bravo ! jeune homme, lui dit-il en l'abordant :

Vos pareils à deux fois ne se font pas connaître,
Et pour des coups d'essai veulent des coups de
[maître.]

— Ah ! monsieur, répondit notre débutant, j'ai de grandes grâces à vous rendre, ainsi qu'à M. Dormeuil.

Je ne sais si la crainte de me perdre ou si un petit mouvement de reconnaissance parla en ce moment au patron en ma faveur, mais, après quelques remerciements sur ma gestion, après quelques compliments échangés, il me dit, en me serrant la main : Mon cher ami, je voudrais bien trouver un moyen de reconnaître tout ce que vous faites pour nous.

— Je ne fais que mon devoir, repris-je modestement.

— Voyons ? une représentation à votre bénéfice vous serait-elle agréable ?

— Infiniment. Mais croyez bien que cette gracieuseté n'ajoutera rien à mon zèle pour les intérêts du théâtre.

— J'en suis convaincu.

Quelques jours après, je lus dans les journaux un article on ne peut plus flatteur annonçant le programme de mon spectacle, qu'il avait composé lui-même. Il avait réuni, pour la première fois, dans la même soirée, les deux plus importants succès de l'année : *Yelva*, avec Léontine Fay (Mme Volnys), et la *Reine de seize ans*, avec Jenny Vertpré. Gontier et Bernard Léon jouèrent la *Famille normande*. Enfin, pour ajouter un attrait à mon affiche, l'idée me vint de demander à Théodore Leclerc l'autorisation de jouer un de ses proverbes, qui obtenaient alors beaucoup de succès dans le grand monde. Nous choisîmes la *Manie des proverbes*, qui fut très-favorablement accueillie.

Notre chère princesse, toujours bonne et gracieuse, fixa elle-même le jour de la

6.

représentation, à laquelle elle me fit dire qu'elle voulait absolument assister. La recette s'éleva à 6,152 fr. 75 c.

Dame fortune ne s'en tint pas là. Avant de me faire ses adieux, elle me réservait une gracieuseté qui fut pour moi d'un prix infini. Depuis le retour de son dernier voyage, M. Poirson aimait beaucoup à en raconter les diverses circonstances ; il racontait assez bien. Après les répétitions de la matinée, on causait volontiers, et j'écoutais avidement les récits qu'il nous faisait. Que vous êtes heureux ! lui dis-je ; un aussi beau voyage eût été le rêve de toute ma vie. — Eh bien ! écoutez, me dit-il un jour. Nous venons de mettre à l'étude la *Vendéenne ;* cette comédie en cinq actes doit composer à elle seule tout le spectacle ; si elle réussit, il ne me serait peut-être pas tout à fait impossible de vous accorder une dizaine de jours de congé, et vous réaliseriez votre désir le plus cher : celui de faire un petit voyage.

Après huit années du plus étroit esclavage, une telle proposition était bien faite pour enflammer mon imagination, je le remerciai avec effusion. Voyons me disais-je, où porterai-je mes pas ? A Rome, à Naples ?... Je rêvais presque d'aller jusqu'en Chine, mais 10 jours pour faire le tour du monde c'était vraiment bien peu mon émotion était si grande, que j'avais perdu l'appétit et le sommeil, les répétitions de cette malheureuse pièce se prolongèrent à l'infini ; le jour de la première représentation arriva enfin, en cas de succès je devais partir le lendemain matin, en cas de chute, je voyais s'écrouler tous mes beaux projets. Impossible de vous dire les angoisses que j'éprouvai en entendant se dérouler ces cinq actes éternels il me semblait à chaque instant entendre le public murmurer. Enfin, après quatre mortelles heures, le succès ne fut plus douteux, mon exéat définitif me fut accordé et Ferville se chargea de remplir mon intérim. Le lendemain, dès l'aube du jour, nous étions sur pieds. A 7 heures précises, nous roulions sur la route de Bruxelles où nous devions coucher. Bien nous en prit de ne pas perdre une minute car, à peine étions-nous hors de la maison dont le cher patron, dont vous avez été à même d'apprécier le caractère ombrageux et bizarre, faisait remettre chez moi une petite lettre à peu près en ces termes : « Mon cher ami, j'ai eu tort de vous accorder ce congé, je ne puis me faire à l'idée que je vais être plusieurs jours sans vous avoir auprès de moi. Renoncez à votre projet et pour vous consoler, je vous offre une gratification de 500 fr. Heureusement les oiseaux étaient dénichés. Le cher directeur fut bien forcé de se résigner, cependant il remit la lettre à Ferville en le priant de me la faire parvenir partout où je serais. Ferville en bon camarade mit la lettre dans sa poche et me la donna à mon retour. Nous visitâmes Bruxelles et Anvers, je vous fais grâce de la description de ces villes suffisamment connues, puis nous embarquâmes sur l'Escaut, longeant Dordeck et Rotterdam, enfin, nous fîmes séjour à Amsterdam, dont le frère de Bernard Léon nous fit les honneurs, et le onzième jour nous étions de retour à Paris et je recevais du patron les plus sanglants reproches pour avoir dépassé de vingt-quatre heures le congé qu'il m'avait accordé.

Je ne pense jamais sans émotion au bonheur que j'ai goûté pendant ces quelques jours de liberté.

Bientôt il fallut reprendre le collier de misère. Je retrouvai notre théâtre aussi prospère, aussi florissant qu'à mon départ mais Paris n'était plus le même, l'horizon politique commençait à se charger, l'opposition était menaçante, la chambre ardente et passionnée, j'étais loin cependant de prévoir l'orage qui devait fondre sur notre France. Pendant quelque temps, en effet tout se passa convenablement, on renaissait à l'espoir, à la conciliation, le commerce prospérait, le Gymnase lui-même, quoique assez parcimonieux de sa nature, s'était décidé, après dix ans écoulés, à faire réparer la salle et à l'exhausser d'un étage, mais il fallait suspendre les représentations pendant un temps assez long, par conséquent plus de recettes et continuer néanmoins à payer les appointements de tous les pensionnaires Cette obligation, ou plutôt cette pilule paraissait fort amère à nos administrateurs.

En cette occasion encore, M. Poirson eut recours à son lieutenant et avec sa finesse ordinaire, il me tint à peu près ce langage : »

— Eh bien! mon cher ami, la fermeture du théâtre est pour vous une circonstance très-heureuse, un moyen assuré de gagner beaucoup d'argent:

— Que voulez-vous dire?

— Partez avec vos camarades, parcourez les départements du Nord; avec l'étiquette du Théâtre, le nom de nos artistes, celui de Madame, il est impossible que vous ne fassiez pas d'excellentes affaires, de cette façon, vos appointements que l'on pourrait vous contester vous seront garantis, et de plus vous recueillerez encore de très-beaux bénéfices.

L'offre était séduisante, nous l'acceptâmes, je me mis donc à la tête de l'entreprise. Il fut convenu qu'à notre retour, je remettrais à la caisse du théâtre la somme nécessaire pour le payement des appointements, et que le reste nous appartiendrait. J'obtins facilement des maires et des préfets toutes les autorisations qui m'étaient nécessaires et nous partîmes le 1er juillet 1830. J'engageai Gontier qui était en congé, à raison ds 300 fr. par représentation et nous prîmes possession du théâtre de Lille, qui était notre première étape et la ville la plus importante. Tout alla bien pendant queique temps, mais la chaleur devint accablante et momentanément nous quittâmes Lille pour continuer notre tournée successivement à Douai, Arras, Valenciennes puis nous revînmes à Lille où grâce à l'arrivée de Gontier dont le succès fut très-grand, grâce aussi à une température plus favorable, nous réalisâmes de trèsbelles recettes.

La révolution de juillet allait éclater, et la protectrice du Gymnase devait disparaître dans cet orage. Il fallut effacer ces mots : *Théâtre de S. A. R. Madame,* et reprendre l'humble titre de : *Théâtre du Gymnase.*

Le départ de notre protectrice et l'abandon relatif dans lequel nous laissait Scribe qui, aspirant alors à l'Académie, ne travaillait presque plus que pour la Comédie-Française, allaient avoir une désastreuse influence sur les recettes.

Poirson fit tout son possible pour conjurer. le danger, qui fut moins grand qu'on ne craignait, grâce à Mélesville, Bayard, Saintine, Théaulon, Frédéric de Courcy, Carmouche, Paul Duport, Dumanoir, les frères Cogniard et Emile Vanderburck, grâce aussi à *Bouffé*, le comédien le plus fin, le plus nuancé, le plus parfait enfin! L'engagement de Bouffé fit époque dans la composition de la troupe.

On combattit vaillamment. On peut en juger par les pièces créées à cette époque : les *Vieux Péchés*, la *Grande Aventure*, *Michel Perrin*, *Pauline*, la *Fille de l'Avare*, les *Malheurs d'un Amant heureux*, le *Gardien*, le *Moulin de Javelle*, le *Gamin de Paris*. La caisse du directeur Poirson se remplissait tous les jours, mais Poirson ne s'en déclarait pas moins l'ennemi acharné des acteurs et des auteurs.

Il y aurait un volume à faire sur les cruautés de Poirson.

. . . .
. . . .
. . . .

Dormeuil avait quitté le Gymnase pour fonder le théâtre du Palais-Royal. Léon Monval le remplaça comme régisseur. Ce Monval était le préfet de l'endroit. Il y gouvernait, il y demeurait, il y mourut, il fut remplacé par M. Hérold, qui céda la place à Derval qui venait du Palais-Royal.

En 1842, Poirson se brouilla avec la Société des auteurs et compositeurs dramatiques, qui frappa son théâtre d'interdit. Or, pendant deux années que dura cet interdit, de 1842 à 1844, le Gymnase ne vécut pas, il languit. La société d'actionnaires dont Poirson était gérant se fatigua de cette lutte ruineuse ; elle supplia Poirson de se soumettre aux volontés de la Commission des auteurs, mais Poirson persista à ne pas mettre les pouces, disant qu'il vendrait plutôt que de se soumettre.

— Je vendrais ma position de gérant, disait-il, à qui voudra me la payer 225,000 francs comptant. — M. Lemoine-Montigny, alors directeur de la Gaîté, prit Poirson au mot, et lui versa les 225,000 fr. demandés, et devint directeur du Gymnase, à ses risques et périls, car la société d'actionnaires dont Poirson était le gérant s'était dissoute au départ de celui-ci.

M. Montigny ne continua pas la guerre commencée par son prédécesseur. Il signa le traité que la Commission des auteurs voulait lui imposer, et se trouva ainsi en mesure de relever ce théâtre, que deux années d'interdiction avaient mis au plus bas.

La tâche était ardue. Trois artistes nouveaux furent engagés ; c'étaient : *Bressant*, *Rose Chéri* (qui s'appelait de son vrai nom Cizos), et dont la grâce, le jeu décent et la diction rappelaient Mlle Mars ; *Geoffroy*, l'excellent Geoffroy du Palais-Royal.

Au commencement de 1848, le Gymnase d'autrefois renaissait ; il avait retrouvé enfin ses recettes et son public du passé, lorsque la révolution de février éclata. Du jour au lendemain, le Gymnase retomba dans les petites recettes. Cet état de choses dura deux ans, après quoi il reprit son train, grâce à une pièce ravissante : *Un Fils de famille,* le chef-d'œuvre de Bayard et de Biéville.

Rarement aussi on avait vu troupe plus parfaite :

Bressant, Lafontaine, Lesueur, Villars, Priston, Landrol, Dupuis ; Mélanie, Rose Chéri, devenue Mme Montigny, Figeac, Anna Chéri (Mme Lesueur), et plus tard Victoria Lafontaine, Lafont, Delaporte, Pasca, Desclée, Pradeau, etc.

Et le répertoire, les grands succès depuis vingt ans : le *Gendre de M. Poirier, Mercadet,* le *Demi-Monde,* le *Père prodigue, Philiberte* (toutes pièces prises par la Comédie-Française).

Quels auteurs ! Dumas, Augier, Sardou, Labiche, Meilhac et Halévy, etc.

Depuis la direction de M. Montigny, le Gymnase a certes été le théâtre le plus brillant de tous les théâtres de Paris. Depuis la guerre, le Gymnase a un peu baissé.

Sardou lui a fait des infidélités, ou quand il a voulu revenir, il n'a trouvé qu'*Andréa.*

Dumas a bien eu le succès de la *Visite de noces*, de la *Princesse Georges*, mais Desclée n'est plus là.

En ce moment le Gymnase traverse une nouvelle crise que M. Montigny sera, nous le craignons bien, impuissant à conjurer.

Aussi joue-t-il de malheur, toutes les grandes pièces qu'il monte depuis trois ans vont à peine au-delà de 30 représentations. *M. Alphonse* seul a été un succès. Mais *Madame est trop belle, La Marquise, Le Beau-Père, Gilberte, La Veuve, Mlle Dupar, Les Deux Comtesses, Le Comte Kostia, Léa*, toutes ces pièces cependant, à l'exception d'une ou deux, ont été bien accueillies par la presse, quelques-unes méritaient un autre sort.

Comme si ce n'était pas assez, M. Montigny s'attache à laisser partir ses artistes, Pradeau, Pierson, Angelo, Lesueur, Ravel le quittent.

Enfin, Sardou a promis une grande pièce pour l'hiver prochain, souhaitons-lui le succès de *Fernonde* et de *Séraphine*, car le Gymnase est bien ensorcelé.

Allons, le Gymnase ne peut pas mourir, il a été trop brillant dans vos mains, M. Montigny.

FIN DU PREMIER VOLUME

www.ingramcontent.com/pod-product-compliance
Lightning Source LLC
Chambersburg PA
CBHW070159230526
45471CB00002B/739